AF325286

LES PÈLERINAGES

DES PYRÉNÉES.

LES
PÈLERINAGES
DES PYRÉNÉES

Notre-Dame des Pyrénées.
Sarrance. — Piétat, en Béarn. — Bétharam.
Poeylahun. — Piétat, en Bigorre.
Héas. — Bourisp. — Nestés.
Médous. — Garaison.

PAR

GUSTAVE BASCLE DE LAGRÈZE.

Conseiller à la Cour Impériale de Pau,
Chevalier de la Légion d'honneur et de plusieurs ordres,
Correspondant du Ministère de l'instruction publique,
De la société des antiquaires de France,
Des académies de Madrid, de Toulouse,
De Bordeaux, etc.

PARIS
JACQUES LECOFFRE ET Cᵉ, LIBRAIRES-ÉDITEURS
RUE DU VIEUX-COLOMBIER, 29.

TARBES
TELMON, IMPRIMEUR-ÉDITEUR.
1858

A Sa Grandeur

MONSEIGNEUR DE SALINIS

ARCHEVÊQUE D'AUCH, ETC.

MONSEIGNEUR,

« Je suis heureux que vous m'ayez permis de faire paraître, sous vos auspices, *les Pèlerinages des Pyrénées.*

« Les sanctuaires de la Ste-Vierge, dont je raconte l'histoire et la légende, sont compris dans votre province et conservent précieusement des témoignages de votre piété, de celle de vos prédécesseurs.

« C'est à Bétharam que vous avez voulu recevoir les insignes de la dignité archiépiscopale ; cette célèbre chapelle a eu pour premier historien un de vos compatriotes, un illustre archevêque aussi, Pierre de Marca. Comme lui écrivain et prélat éminent, vous avez comme lui cette courtoisie béarnaise qui fait pardonner la supériorité du talent et rehausse même le charme de la vertu.

« J'ose espérer que vous agréerez avec indulgence et bonté l'hommage de mon œuvre modeste et de mon profond respect.

« G. B. DE LAGRÈZE. »

LES
PÈLERINAGES
DES PYRÉNÉES

Notre très saint Père le pape Pie **IX**, comme Souverain, s'est illustré par de grandes vertus et par de grands malheurs ; comme Pontife, il a déjà acquis une gloire immortelle dans le gouvernement religieux du monde et dans la sphère de la théologie. Sa voix, proclamant du haut de la chaire de St-Pierre, le dogme de l'Immaculée-Conception, a trouvé dans tout l'univers catholique un immense écho, et a réveillé, surtout parmi nous, un saint enthousiasme pour l'auguste patronne de la France.

Le gouvernement impérial s'est empressé de s'associer à ce noble élan de la piété populaire. L'Empereur a voulu que les canons conquis à Sébastopol fussent employés à la fonte d'une statue colossale de Marie, qui doit être élevée à côté d'un sanctuaire célèbre, sur le roc pyramidal du Puy en Velay. Le Garde des sceaux a promis les presses de l'imprimerie impériale pour un livre monumental destiné à recueillir les gloires de la Ste-Vierge dans notre belle patrie.

C'est alors qu'il s'est formé à Paris un *Comité de Notre-Dame de France*, présidé par Monseigneur le prince abbé Bonaparte, et composé d'illustrations soit du clergé, soit de la science.

Nommé correspondant de ce comité, j'ai cherché à mériter cet honneur par l'ardeur de mes recherches, et j'ai trouvé des documents aussi nombreux qu'intéressants sur les sanctuaires dédiés à Marie dans presque toutes nos vallées.

J'ai soumis au comité de Notre-Dame

de France mon travail, et j'ai reçu le conseil de le publier en entier avec sa couleur locale, en attendant qu'il pût former un chapitre du grand ouvrage.

C'est ainsi qu'est née la pensée de ce livre où j'ai réuni les monographies des sanctuaires les plus renommés de nos contrées sous le titre de : *Pèlerinages des Pyrénées*.

NOTRE-DAME
DES PYRÉNÉES

Son culte. — Ses sanctuaires en Béarn et en Bigorre.

Les habitants des Pyrénées eurent toujours une foi vive, une dévotion particulière pour la Mère de Dieu. Il est peu de vallées qui n'ait sa Madone protectrice entourée de la vénération des siècles.

L'histoire raconte que les plus illustres chevaliers du pays furent les plus empressés à se dire les *serfs* de Marie et à lui rendre hommage de leurs succès. Les Souverains de Béarn, les Comtes de Bigorre, dans des chàrtes importantes, invoquent la Reine du Ciel, implorent ses gràces, la remercient de leurs succès, et lui lèguent des monuments durables de leur piété.

Un héros béarnais, célèbre dans les croisades, Gaston IV, l'émule de Tancrède, un des premiers qui entra dans Jérusalem délivrée, ne cessa de témoigner sa pieuse reconnaissance à la Vierge qui avait veillé sur lui à l'heure du danger, et qui lui avait permis de rentrer, après la victoire, dans sa chère patrie. Il lui dédia l'abbaye de Sauvelade dont il fut le fondateur, il lui éleva de nombreuses chapelles en Béarn, et enrichit, de ses dons, diverses chapelles en Espagne, notamment celle de Notre-Dame del Pilar (1).

Henri II, roi de Navarre, le chevaleresque époux de Marguerite de Valois, fut le bienfaiteur, ainsi que nous le verrons, de plusieurs sanctuaires consacrés à Marie. Au bout du pont qui faisait face à son château de Pau, se trou-

(1) Voir l'histoire de Gaston IV et des souverains du Béarn dans mon ouvrage, LE CHATEAU DE PAU, 1857, 2ᵉ édit., Hachette. Le cantique à *Notre-Dame du Bout du Pont*, s'y trouve aussi.

vait un oratoire renommé. Il exigea que sa fille Jeanne d'Albret, au milieu même des douleurs de l'enfantement, chantât un cantique à Notre-Dame du Bout du Pont, et le nouveau-né, placé ainsi à son entrée dans la vie sous ce divin patronage, devint un jour le grand, le bon Henri !

Les comtes de Bigorre avaient pour cri de guerre : *Notre-Dame de Bigorre*, et à ce noble cri ils triomphèrent des infidèles dans la Palestine, ils combattirent les Maures en Espagne, et expulsèrent de leurs frontières, les Sarrazins et les Anglais !

Ils aimaient à donner le nom de la Vierge jusqu'à leurs châteaux-forts. Près de Luz, on voit encore les vieilles tours de Ste-Marie, célèbres dans les annales du pays, au moment où la domination anglaise prit fin pour toujours dans nos vallées.

Ce n'est pas tout : les seigneurs de Bigorre se reconnaissaient les vassaux de la Reine du Ciel. Un titre authentique de 1062 rapporte que le comte Bernard consacra son comté à

Notre-Dame du Puy, et s'obligea à lui payer une redevance de 60 sols Morlàas.

Cette concession faite de la suzeraineté à la Ste-Vierge a donné lieu à des évènements fameux dans l'histoire locale. Etait-ce là un hommage de dévotion établi par un pur sentiment de piété? Etait-ce la reconnaissance d'un ancien droit sans cesse respecté jusqu'au dernier siècle? Si l'on en croit une des chartes les plus anciennes des archives du château de Pau, voici quelle aurait été l'origine de cette importante redevance. Je cite en entier et je traduis littéralement cette curieuse légende:

Comme la vie de l'homme est fugitive et fragile, afin d'empêcher que la mémoire de la prise de Mirambel ne vienne à périr, nous allons la raconter à la postérité.

Dans ce temps-là, Charlemagne, roi des Français et empereur romain, s'était emparé de la cité et de tout le comté de Horra (Bigorre), excepté du château de Mirambel. Depuis longtemps il le tenait assiégé sur trois points différents du côté de Ferragut, du côté d'Hippolyte et de celui de St-George. Mirat, seigneur de Mirambel, avait été plusieurs fois sommé de se rendre et de devenir chevalier de Charlema-

gne, après avoir reçu le baptême; mais il répondit
que, tant qu'il aurait la possibilité de se défendre un
seul jour, il ne consentirait jamais à se soumettre à
un homme mortel.

C'est pourquoi l'Empereur, fatigué des ennuis d'un
long siége, songeait à se retirer. Mais Ste-Marie,
Mère de Dieu, Notre-Dame du Puy en Velay, invoquée par d'humbles prières, opéra un miracle de la
grâce. Un aigle, saisissant dans ses serres un énorme
poisson du lac, l'avait déposé intact sur une des
parties les plus élevées du château, qui conserve
encore aujourd'hui le nom de *Pierre de l'Aigle*. Le
commandant, justement étonné, se hâta de l'envoyer
à Charlemagne en lui faisant dire qu'il se tromperait
fort s'il espérait le réduire par famine, tant que son
vivier lui fournirait de si beaux poissons. L'Empereur fut tout-à-fait déconcerté; mais l'évêque du
Puy devinant la vérité, rassura Charlemagne, et lui
dit : Prince, la Mère de Dieu, Ste-Marie du Puy,
commence à opérer merveilleusement; et le roi répondit : qu'il en soit ainsi !

Et alors l'évêque, comme bon serviteur et ambas-
sadeur de ladite Dame Ste-Marie, s'en vint trouver
Mirat, et, entre autres paroles, lui adressa celles-ci :
« Mirat, puisque tu ne veux pas te rendre à Charles-
le-Grand, le mortel, le plus illustre de l'univers,
puisque tu ne veux pas reconnaître un maître, re-
connais du moins une maîtresse, rends-toi à la plus
noble Dame qui fut jamais, à la Mère de Dieu, Notre-

***

Dame du Puy. Je suis son serviteur, deviens son chevalier. »

A ces mots, Mirat, déjà éclairé d'en haut par un rayon de la grâce, lui dit : « Je rends les armes et je me livre avec tout ce qui m'appartient à la Mère du Seigneur, à Ste-Marie du Puy; je consens en son honneur à me faire chrétien et à devenir son chevalier; mais j'entends m'engager librement, et je veux que mon comté ne relève jamais que d'elle seule, soit pour moi, soit pour mes descendants. » L'évêque, diplomate par excellence, prit dans ses mains une poignée du foin du pré sur lequel il se trouvait dans ce moment avec Mirat, et ajouta : « Ne veux-tu rien accorder en signe d'hommage à la Mère de Dieu ? Offre-lui du moins ces brins d'herbe pour montrer que tu deviens son vassal. » Mirat répondit : « Je n'ai pas de conseil à prendre de toi; j'accorderai ce que je voudrai. » — Il en sera ainsi, répliqua l'évêque.

Et alors celui-ci, revenant auprès de Charlemagne, lui demanda ce qu'il lui plairait de faire. Le roi, ayant réuni son conseil, fit cette réponse : « Il me plaît que tout hommage soit rendu à Notre-Dame du Puy, et j'accorde qu'il en soit ainsi. Et l'évêque alla rejoindre Mirat, et les conventions furent arrêtées, comme il a été dit, avec approbation du roi.

Mirat et tous ses soldats, mettant des guirlandes de foin au fer de leurs lances, en signe de soumission de la place, se rendirent aux pieds de Ste-Marie du Puy, et firent litière de ce foin en l'honneur de la Mère de Dieu. Mirat obtint le titre de chevalier pour lui et pour ses enfants ; il reçut en baptême le nom de Lorus ; tous ses biens lui furent remis ; il reprit possession de Mirambel. Suivant l'usage des gentilshommes, il donna son nom au château qui, depuis lors, s'appelle *Lordum*. Ceci eut lieu en l'année 778.

Dans ma *Chronique du château de Lourdes*, j'ai longuement disserté sur cette légende qui, au moment où elle fut écrite, ne faisait évidemment que traduire une croyance adoptée par la piété populaire.

Si les seigneurs, si les chevaliers du Béarn et de la Bigorre aimaient à courber la tête devant l'autel de l'humble Vierge de Bethléem, les pauvres surtout trouvaient d'ineffables consolations à déposer leurs peines au pied de la consolatrice des affligés.

Les artistes s'inspiraient aussi des touchantes scènes de la vie de la Reine des Anges. Les trois cathédrales de Lescar, d'Oloron et de Tarbes lui étaient dédiées, et il serait difficile d'énumérer les églises, les chapelles, les oratoires, les

statues, les bas-reliefs (1), les peintures qui lui ·
étaient consacrées.

L'image de la Vierge brillait partout au
moyen-âge, à côté du foyer domestique et dans
l'angle extérieure de la maison, dans la niche au coin de la rue et dans la mont-joie
au bord du chemin. On aperçoit encore, dans
plusieurs villages des vallées, des places vides
qu'orna jadis la statuette de Marie qui proté-
geait les édifices civils comme les édifices religieux, l'humble chaumière comme le château
féodal.

Une lampe, le soir, veillait au pied de la
madone ; ce fut le premier système d'éclairage
de nos villes. Cette pierre immobile et muette,
représentant des traits révérés, fut aussi bien souvent une sauvegarde contre de sinistres projets.
A son aspect, le malfaiteur, qui se croyait seul
dans les ténèbres, trembla quelquefois comme

(1) Voir une curieuse dissertation du savant abbé
Canéto sur les *Bas-reliefs de la Villa-Théas, à Bagnères-de-Bigorre.*

tremble un fils quand une mère le surprend au milieu d'une action criminelle.

On a beaucoup écrit sur les Pyrénées ; le poète les a chantées ; l'écrivain en a raconté les merveilles ; le savant en a exploré les curiosités, les richesses et les secrets. Nos vallées, moins heureuses que les vallées de la Suisse, n'ont pas eu encore un historien catholique qui sût faire ressortir avec autant de dévotion que de génie le charme de ses souvenirs religieux ; et rendre intéressantes les annales de la chapelle consacrée à la Vierge ; la vieille chronique de la vieille foi des montagnards ; enfin, la légende d'autrefois, naïve mais touchante peinture d'une piété simple et profonde.

Si Dieu n'a pas accordé à tous le don de sentir vivement et de noblement exprimer ce qu'on a senti, une parole sans éloquence et sans art ne suffit-elle pas pour faire naître dans les âmes pieuses des réflexions profondes et de douces émotions, en racontant l'histoire des grâces répandues dans certains lieux privilégiés, consacrés depuis des siècles par la prière et les miracles ?

Qu'il me soit permis de répondre à deux objections que ces derniers mots ont peut-être fait naître dans quelques esprits peu éclairés.

Me dira-t-on : les lieux de pèlerinage et de dévotion, si recherchés dans les temps d'ignorance, ne sont-ils pas dans un siècle de lumière regardés comme sans utilité pour les âmes, sans d'autre intérêt que la satisfaction d'une vaine curiosité ? Le chrétien ne peut-il pas prier partout ? Le créateur n'est-il point partout pour accueillir l'hommage parti d'un cœur sincère ?

Quant aux miracles, nos pères ont pu y croire, mais aujourd'hui Dieu n'en fait plus.

Avant d'attaquer les pratiques et les croyances catholiques, il serait convenable de prendre la peine d'en étudier le sens et la portée.

Dans les temps antiques, le Seigneur n'avait qu'un seul temple. C'est à Jérusalem qu'étaient obligés de se rendre de toutes les parties du monde, ceux qui voulaient l'adorer.

Depuis l'institution du christianisme, les églises se sont multipliées sur toute la surface du globe. Les fidèles, après s'être prosternés sur le tombeau des saints, leur élevèrent des autels. « Honorons, disait Eusèbe, les soldats de la vraie religion comme les amis du Seigneur; allons aux temples qui leur sont consacrés, et là nous leur ferons des vœux comme à des hommes révérés par l'intercession desquels nous espérons obtenir beaucoup de Dieu. »

La Vierge, la Reine des saints, a été l'objet d'une vénération toute particulière, et le culte de sa mémoire remonte au berceau même de notre religion. Il est d'institution apostolique ; la tradition attribue à St-Pierre lui-même l'érection du premier oratoire en l'honneur de la Mère de Dieu. Et depuis lors les paroles de David se sont accomplies : *Tous les riches du peuple sont venus devant sa face* pour lui offrir leurs supplications. *Vultum tuum deprecabuntur omnes divites plebis* (Ps. 46).

On a toujours pensé que le seigneur lui-même choisissait certains lieux privilégiés pour y répandre ses grâces avec plus d'abondance. Il commanda jadis à Abraham de quitter sa terre natale, parce qu'il voulait se manifester à lui sur la terre du pèlerinage. Jacob, après la vision céleste du chemin de Mésopotamie, s'écriait : « Vraiment, Dieu est ici et je l'ignorais. » *Verè Deus est in loco isto et ego nesciebam.* Ce n'est que sur le mont Oreb que le Seigneur se montre à Moïse, et lorsque Salomon lui bâtit un temple, il lui dit : Voilà l'endroit que j'ai élu pour y faire ma demeure. *Elegi locum istum in domum.*

Aussi haut que l'on remonte dans l'histoire de l'Eglise, on voit ériger des autels dans des lieux prédestinés à jouir des faveurs spéciales du Ciel. Les vieilles légendes nous apprennent que c'est à la suite d'apparitions mêmes de la Vierge que furent désignés les emplacements choisis pour les plus antiques chapelles de la France et de l'Espagne, comme celles de Notre-Dame du Puy ou de Notre-Dame del Pilar.

La raison sous ce rapport est encore d'accord avec la foi. L'âme, comme l'esprit humain, est moins sensible aux choses accoutumées qu'à celles qui s'offrent à elle avec le double mérite de la difficulté et de la rareté. Les plus beaux objets perdent leur prix par un trop fréquent usage. Une magnifique cathédrale que l'on visite chaque jour éveille moins d'émotions religieuses qu'une chapelle modeste, retirée, lointaine, renommée par de singuliers pèlerinages. Dieu semble avoir voulu, pour exciter plus vivement la foi, s'accommoder aux faiblesses humaines, en permettant que des miracles de grâce fussent opérés dans des lieux écartés, séparés des villes, et quelquefois d'un difficile accès. Il accorde ainsi un encouragement à ceux qui vont au loin solliciter ses faveurs, et une récompense à ceux qui font effort pour aller au-devant de ses bienfaits célestes. Le royaume des cieux souffre la violence ; ce sont les forts et les courageux qui l'emportent.

Le Béarn et la Bigorre se font remarquer par la vénération toute particulière du peuple pour d'antiques chapelles érigées à Notre-Dame, soit sur le sommet de quelque montagne, soit au fond de quelque vallée, dans les sites les plus sauvages, comme dans les sites les plus gracieux. L'origine de presque tous ces oratoires est si ancienne, qu'elle est enveloppée de mystères.

Ces monuments furent souvent, nous l'avons déjà dit, la manifestation de la piété reconnaissante des seigneurs et des peuples. C'est là que des rois de France et d'Espagne se rendirent en pèlerinage, déposant un instant les insignes de leur puissance pour ne songer qu'à leurs devoirs de chrétien ; c'est là que les chevaliers du moyen-âge allaient faire bénir leur épée, passer la veille d'armes et projeter des *emprises* en l'honneur de *madame Ste-Marie*.

C'est là que des populations entières accouraient de bien loin, lorsque des calamités publiques annonçaient la nécessité de désarmer la colère du Ciel.

C'est là que se rendaient jadis et que se rendent chaque jour encore les cœurs malades ou brisés par les orages de la vie, et sans cesse ils y rencontrent les secours célestes de la

Vierge qui soulage toutes les infirmités physiques et morales, *salus* INFIRMORUM !

« Dieu peut-il faire des miracles? Cette question sérieusement traitée, dit Rousseau, serait impie si elle n'était absurde. » Il est des merveilles, dit le même auteur, auxquelles on reconnaît le maître de la nature ; elle n'obéit pas à des imposteurs. »

La doctrine qui veut exclure le surnaturel de ce monde est vieille de deux mille ans et a été trop victorieusement réfutée pour qu'il soit nécessaire encore d'en faire ressortir le vide et l'absurdité : qui peut raisonnablement prétendre que celui qui a créé le monde a abdiqué le pouvoir d'y rien changer? Il se passe entre le ciel et la terre des choses invisibles que nos sens grossiers ne peuvent comprendre.

On ne saurait dire tous les mystères que l'homme rencontre dans la nature ; toutes les folies des prétendus sages du siècle ; toute la supériorité des préceptes d'un simple catéchisme, sur les théories d'une orgueilleuse science.

Répétons avec un de nos plus brillants écrivains modernes (1), quoi de plus naturel et de plus conforme à la miséricorde divine que ces éclatants prodiges qui viennent à de fréquents intervalles récompenser une foi vive, ou ranimer dans des cœurs bons et naïfs, mais faibles, la foi ébranlée ?

Je raconterai donc les miracles que nos pères ont cru, et je ne tairai sous silence que ceux qui n'ont pas été approuvés encore par l'autorité ecclésiastique, seule compétente en ces matières.

Que de faits merveilleux nous sont transmis dans les documents les plus vénérables !

Tantôt des étrangers venaient dans nos sanctuaires où leur piété était soudain récompensée ; tantôt nos montagnards implorant une madone célèbre au-delà des monts, la voyaient mystérieusement apparaître pour les couvrir de sa main puissante dans l'abîme où ils étaient ensevelis

____

(1) Les pèlerinages de Suisse par M. Louis Veuillot, 9ᵉ édition. p. 95.

vivants, et dont ils ne pouvaient être retirés que par une merveilleuse assistance (1).

En rapportant avec un mélange de respect et d'amour les vieilles traditions, nous redirons avec l'éloquent historien de Ste-Elisabeth : « quand même nous n'aurions pas le bonheur de croire avec une entière simplicité aux merveilles de la puissance divine qu'elles racon-

(1) Cette apparition de la Ste-Vierge eut lieu en 1518 dans la commune d'Aspin, voisine de Lourdes. *In provinciâ Guienensi oppidum est Aspi, diocœsis Tarbiensis, in eo vir cum uxore causâ arenœ ad œdificium eruendœ, cùm altam fossam fodissent operique insisterent mole terrœ supervenientis obruti fuissent, atque vivi occubuissent, nisi divam Virginem momentaneâ quidem prece sed efficaci tamen ad incolumitatem inevocassent. Hœc enim tali habitu, specieque quali apud Monserratum videtur miseris apparuit, terram immensam superempendentem illorum capitibus manu suspendit : donec vicini accurrissent et aggestam illam molem amoliti, periculo utrumque exemissent.* Chronicon ss. deiparæ virginis a r. benedicto gonono burgensi monacho cœlestino miracula per totum orbem patrata ad hoc usque tempus (1637) prolixius describuntur, lugduni 1637, in-4°.

tent, jamais nous ne nous sentirions le courage de mépriser les innocentes croyances qui ont ému et charmé des milliers de nos frères pendant des siècles. »

Parmi un nombre infini de faits miraculeux accomplis par l'intercession de Marie, nous avons eu soin de ne rapporter que ceux qui nous ont paru les mieux établis. L'Eglise ne commande pas d'y croire ; si la légende quelquefois ne semble qu'une pieuse allégorie, si elle ne subjugue pas la raison, elle charmera du moins toujours le cœur par un parfum de suavité et de sainteté ; mais si les concessions faites par la bonté de Dieu à la foi et à la Prière sont appuyées sur des preuves authentiques, pourquoi ne pas en laisser la gloire à la toute-puissante intervention de Marie auprès de son divin Fils ?

Comme le pèlerin des vieux âges, en traversant les magnifiques scènes de la nature, arrêtons-nous devant les sanctuaires recommandables par les mystères de leur origine, les miracles qui s'y sont opérés et la vénération séculaire qui les environne.

Chacune de nos plus belles vallées nous offrira un asile propre au recueillement et à la méditation. Allons de l'un à l'autre, et, dans la vallée d'Aspe, dans celles du Gave, d'Azun, d'Argelés, de Gavarnie, d'Aure, de la Neste, de Campan, de l'Adour, de Magnoac, nous rencontrons Notre-Dame de Sarrance, Piétat près de Pau, Bétharam, Poucylahun, Piétat près de St-Savin, Héas, Bourisp, Nestés, Médous, Piétat près de Barbazan, Garaison.

Que ceux qui ont toujours marché d'un pied ferme dans la droite voie ; que ceux, qui après. avoir quitté le sentier du bien et de la vérité, ne craignent pas de le retrouver ; que ceux qui, en se livrant au courant des idées du jour n'ont trouvé dans le monde que des souffrances sans remède et des tristesses sans consolation ; que ceux dont l'âme aspire à des délices et à des espérances éternelles, essaient de lire la naïve histoire de la chapelle des montagnes, qu'ils essaient de prier au pied de l'autel où tant de générations disparues ont prié avec eux ; et qu'afin d'obtenir une céleste médiatrice entre la faiblesse humaine et la bonté divine, ils s'adressent à la Ste-Vierge Marie, et qu'ils lui disent du fond du cœur : *Mère du Christ, priez pour nous !* MATER CHRISTI, ORA PRO NOBIS !

NOTRE-DAME

DES PYRÉNÉES

NOTRE-DAME DE SARRANCE.

I

La vallée d'Aspe, qui conduit du Béarn aux montagnes de l'Aragon, est une des plus intéressantes des Pyrénées. Là vivait un peuple fier de ses anciens priviléges, mais toujours fidèle à la foi de ses ancêtres.

Cette vallée commence à Oloron, l'antique *Illuro*, vieille cité qui ne forme qu'une ville avec Ste-Marie, séparée d'elle seulement par un gave.

2

Les Romains avaient construit leurs remparts sur la hauteur ; les chrétiens du moyen-âge descendirent la cathédrale dans la plaine. Ce monument du xime et du xiime siècles a conservé son porche, remarquable par ses trois arcades cintrées, ses colonnes romanes et ses chapiteaux historiés. La grande porte est décorée de sculptures représentant des Arabes faits captifs par les souverains du Béarn, les vingt-quatre travaux du calendrier, et les vingt-quatre vieillards de l'Apocalypse.

Malheureusement, le saint édifice dédié à la mère de Dieu était placé dans un bourg peu défendu, où il fut exposé aux dévastations des Normands, aux invasions des Espagnols, aux fureurs des guerres de religion. Aussi, l'archéologue retrouve-t-il dans cette église des rajustements de diverses époques, et notamment du xiiime, du xivme et du xvme siècles. Le Trésor de la sacristie a gardé des ornements sacerdotaux du moyen-âge, fort rares surtout dans ces contrées. C'est à Ste-Marie que résidait l'évêque d'Oloron.

Après avoir visité en passant la vieille cathédrale, continuons notre route. Voilà devant nous la vallée d'Aspe qui se déploie dans toute sa magnificence.

En face du village d'Escot s'élève un rocher pointu appelé la Tour de St-Nicolas. Une excavation naturelle, située à son sommet, servit jadis, dit-on, de cellule à un saint ermite.

Bientôt la gorge se resserre. Une montagne semblait vouloir défendre d'aller plus loin : c'est la *Pène d'Escot*. Les Romains y ouvrirent une voie vers l'Espagne. Comme monument de leur passage, ils y gravèrent une inscription qu'une main moderne a retouchée dernièrement.

Le chemin a peine à serpenter dans cet étroit défilé. Des fontaines près de là offrent aux malades des eaux thermales bienfaisantes. Mais c'est surtout vers l'antique madone que les cœurs souffrants vont chercher un remède.

On approche de la chapelle. Le territoire de Sarrance, dit un célèbre naturaliste, présente une singularité très remarquable, c'est l'existence d'un canal souterrain qui, par des routes obscures et secrètes, conduit au pied d'une haute montagne à côté de la grande route, une eau claire, abondante et pure, dont le volume augmente quelquefois, mais sans perdre sa limpidité ordinaire... On remarque, non sans étonnement, que cette eau sert tout à la fois à l'usage d'une papeterie et d'un moulin à quatre meules, dès qu'elle sort des profondes cavités qui la recèlent. Ces deux propriétés étaient avant la révolution dépendantes d'un couvent de prémontrés.

Non loin de ces usines, aujourd'hui abandonnées, on traverse un pont, et bientôt l'on voit s'élever la tour de la vieille abbaye, fidèle dépositaire de la statue et du culte de Notre-Dame de Sarrance.

Le vallon est enfermé par deux rochers et arrosé par deux gaves. L'un de ces torrents prend sa source dans la montagne d'Estainnes, en Espagne, et l'autre dans celle de Peyranère, en Béarn. C'était là une austère solitude dépouillée de culture, n'offrant que de rares pâturages pour les troupeaux. Mais la Ste-Vierge prit cette terre ingrate sous sa protection spéciale, et

bientôt des cabanes s'élevèrent sur la cime
et sur le flanc de ses monts; des champs culti-
vés descendirent jusque sur le bord des précipices.

L'histoire garde le silence sur l'époque précise de la fondation du sanctuaire de Notre-
Dame de Sarrance. Voici comment la légende en
raconte l'origine :

En ramenant ses troupeaux au bercail, un
berger s'aperçut qu'un taureau s'éloignait un
instant, chaque soir, au moment où le signal du
départ était donné. Il fut étonné de cette dispa-
rition journalière et voulut en connaître la
cause. Il suivit le taureau, il le vit traverser le
Gave à la nage; puis s'arrêter, et s'agenouiller
auprès d'une pierre représentant l'image de la
Vierge.

Le pasteur s'empresse d'aller répandre dans
le voisinage cette étonnante nouvelle. Elle par-
vient jusqu'aux oreilles de l'évêque d'Oloron. Ce
prélat, après avoir fait constater ce prodige par
une commission de prêtres, dit un vieux manuscrit, se transporte sur les lieux avec tout son cha-

pitre, il recueille avec respect la merveilleuse image et l'emporte dans sa cathédrale. Mais le lendemain la statue avait disparu de la cathédrale, et on la retrouve sur la pierre devant laquelle s'agenouillait le taureau. L'évêque alors ordonna qu'elle y resterait et qu'on y élèverait une chapelle en l'honneur de Notre-Dame. Quelques pâtres de la vallée d'Aspe, ajoute-t-on, imaginèrent, pour détruire toute idée d'un miracle, d'enlever l'image pendant la nuit et d'aller la jeter furtivement sous le pont de Sarrance.

Quel fut leur étonnement, leur épouvante, lorsqu'ils virent la merveilleuse pierre surnager et retourner au lieu d'où elle avait été retirée !

A quelle époque remonte la fondation de la chapelle ?

Le P. de Lassalle, pour établir l'antiquité de ce sanctuaire, dit que si les titres ont péri, on a gardé quelques chasubles et dalmatiques très anciennes où paraissent encore les armes du roi de Navarre, du roi d'Aragon, du souverain de Béarn.

« Une autre preuve de son antiquité, dit-il,

se trouve dans les archives de la ville d'Oloron. Ce sont les mémoires d'un procès qui fut agité, il y a près de mille ans, entre Oloron et Ste-Marie, au sujet d'un pont de pierre que la ville de Ste-Marie voulait faire bâtir vis-à-vis de Lurbe et d'Asasp, contre la volonté de la ville d'Oloron. Le texte du procès est conçu en ces termes : *que lou dit poun de peyre se deü basti per la plus grano coummouditat deüs qui ban en roumiouatge à nouste Daüno de Sarranço.* C'est-à-dire qu'on devait bâtir ce pont de pierre pour faciliter le passage des dévots qui se rendraient à Sarrance ; d'où l'on doit tirer cette conséquence que la dévotion était établie longtemps avant le procès. On voit encore dans le même lieu où l'on voulait bâtir un pont de pierre, un pont de planches appelé en langue vulgaire, *Bigue d'Asap.* »

Les faits que rapporte le P. de Lassalle sont très exacts ; mais il se trompe vraisemblablement de quelques siècles en leur donnant une date que l'on ferait remonter à mille ans. Il a sans doute été induit en erreur par le manuscrit que nous citons souvent, et qui fixe l'origine de Sarrance au **viii**^{me} siècle.

Si l'on n'a point de document positif pour déterminer une époque précise, tout porte à croire que ce lieu de pèlerinage, postérieur à la fondation de la cathédrale de Ste-Marie, ne fut consacré au culte de la Vierge que vers le **xii**^{me} siècle.

En l'année 1340, l'évêque d'Oloron confia la direction de la chapelle et de l'hôpital de Sarrance aux religieux de l'ordre de Prémontré de St-Jean de Castelle au diocèse d'Aire. Un chanoine régulier, nommé frère Raymond, vint prendre possession de l'établissement sous le titre de commandeur de la chapelle et de l'hôpital de Notre-Dame de Sarrance. Des religieux se joignirent à lui. Ils observaient la règle de St-Augustin et de St-Norbert sous l'habit blanc; ils établirent une abbaye auprès de la chapelle de la Ste-Vierge.

Ces religieux ne portaient pas le simple titre de *moines*, mais de *chanoines*. On connaît les priviléges nombreux concédés à cette congrégation par divers papes. D'après une bulle d'Innocent II de l'année 1140, ces priviléges étaient accordés à ceux qui, dans cette communauté, consacraient leur vie à faire des aumônes et à exercer l'hospitalité *communi vitâ viventibus, de faciendis cleemosinis et exhibendâ hospitalitate.*

Où la charité pouvait-elle trouver plus de malheureux à soulager que dans cette pauvre vallée ? Où l'hospitalité pouvait-elle trouver plus de voyageurs à secourir que dans ces montagnes placées entre deux royaumes ?

Cette abbaye figure, selon Marca, au rang des plus illustres. Elle était devenue si opulente, qu'on n'y comptait pas moins de 30 chanoines.

C'est que Notre-Dame de Sarrance y prodiguait les miracles de sa bonté. C'est que les pèlerins nombreux, les visiteurs célèbres ne cessaient de venir prier devant son autel et d'y apporter leurs offrandes.

Un jour, trois souverains s'y rencontrèrent : c'étaient le souverain du Béarn, le roi de Navarre, le roi d'Aragon. Ils offrirent à la

chapelle des ornements d'un travail remarquable et d'une grande richesse.

Un titre de Gaston de Foix portant des donations en faveur du couvent en 1385, fixe la
date de l'arrivée de ces augustes personnages.

Le vicomte de Béarn fonda une messe et laissa
dans cette intention 50 sols morlàas à prendre
annuellement sur le bailliage et le péage d'Oloron.

Le roi de Navarre y fit bâtir un appartement,
afin de pouvoir venir quelquefois s'y reposer
et s'y livrer à de saintes méditations.

Cet exemple fut suivi par d'illustres seigneurs,
notamment par les Gramont et les Miussens,
qui firent aussi construire pour eux des loge-
ments dont on voyait encore les ruines il y a
peu d'années.

Parmi les bienfaiteurs de Sarrance, Mathieu,
comte de Foix et souverain du Béarn, mérite
d'être cité. « Ses libéralités, dit le P. de
« Lassale, consistaient en ceci : les bestiaux du
« couvent de Sarrance, passant par ses terres,
« ne payaient ni péage ni foraine. L'abbaye avait

« droit de les faire pacager dans toute l'étendue
« de la souveraineté, et retirait tous les ans
« une rente considérable de quelques monta-
« gnes de la vallée d'Aspe, appartenant aux
« communautés d'Etsaut, Cette, Urdos. »

Le plus célèbre pèlerinage qui ait eu lieu à
Sarrance, c'est celui de Louis XI. Ce prince se
trouvait à Bayonne au mois de mars 1463 pour
négocier la paix entre le roi de Castille et celui
d'Aragon. Il faisait contenance suivant les expressions d'Etienne Pasquier, *d'être plein de
religion et de piété, et faisait plus prier pour
la conservation de sa vie que pour celle de son
âme.* La célébrité de la Vierge de Sarrance
excita son désir d'aller lui rendre hommage.
Faisant baisser l'épée royale qu'on portait toujours devant lui quand il était dans son royaume,
il entra en Béarn comme un simple pèlerin,
et vint accomplir son vœu au pied de l'autel de
la Vierge.

L'abbé de Sarrance, en retour de la protection du seigneur de Béarn, ne lui devait que la
simple redevance d'une paire de gants blancs à
son avénement.

C'est ce qui résulte d'un titre inédit de François Phébus ainsi conçu : « Francès Phébus...
« Lou R. P. en Dieu Mossen Auger de Barro-
« mez abat de St-Jean de Castelle et de Sar-
« rance a reconegut tenir de nous cum a natu-
« ral et souviran senhor de Béarn los terradors
« et temporalitat de la maysou et grange de
« Sarrance situade en nostre pays et senhorie
« de Béarn per los qual nous a feyt et prestat
« los homenadge et sagrament de fidelitat en
« semblant cas et à mudance de senhor degut
« et acostumat, et nos a bailhat *ung pareilh de*
« *goans blancs qui a cadune mudance de senhor*
« *es tengut far, etc.* »

Les vicomtes de Béarn furent toujours les gardiens de la sainteté du lieu. Comme il arrive trop souvent que le mal cherche à se glisser à côté du bien, l'affluence des pèlerins donna lieu un instant à des scènes de désordre qui appelaient une répression. Pendant que les fidèles arrivaient en grand nombre chantant de saints cantiques, se préparant par la prière, la pénitence et les bonnns œuvres à recommencer une vie nouvelle avec l'aide de la Ste-Vierge, des hommes suscités par le génie du mal, se couvrant du masque d'une fausse dévotion, se mêlaient à la foule pour y commettre des actes réprouvés par la religion et la morale.

A peine une maladie contagieuse avait-elle éclaté quelque part, que les personnes déjà frappées par le fléau, ou redoutant ses atteintes, envahissaient la chapelle et le couvent pour contraindre l'abbé par la violence à lui donner une hospitalité forcée jusqu'au sein du sanctuaire.

Une solennité était-elle célébrée en l'honneur de Marie ? A côté de la fête religieuse s'organisait aussitôt une fête profane. L'hymne sacrée de l'église était interrompue par le bruit des violons et des tambourins qui provoquaient les jeunes filles à la danse sous les frais ombrages des bois qui entouraient le monastère. La journée commencée saintement à l'église le matin, se terminait quelquefois le soir par de scandaleux désordres.

Henri II, roi de Navarre, l'aïeul de Henri

IV, prit en 1527 (1) Sarrance, l'abbé, le couvent et les religieuses sous sa protection et sauvegarde. Il fit défense de bâtir maison ou cabane trop près de la chapelle et hors des limites fixées sans la permission du roi et de l'abbé.

Henri II ne se doutait pas que sa fille dé-

(1) Les lettres patentes inédites, portent la date du 18 août 1857. Nous citerons le passage suivant :

Henric... Nous estan remontrat que entre las autres devotious que son de Sarrance à la quaü confluexen plusiurs personages, aucuns per affection et devotiou que an à ladite Dame ; autres per cometer et perpetrar plusiurs vicis et pecats sus color de devotiou et non craignent de far larronicis, excès, tahurets et autres cas execrables, et pareilhement plusiurs personages aufugient de locs infestits de peste et autres maladies contagiosi, per se contreservar de aquères s'en van en pelerinage en ladite capère et contre lou vouler de l'abat et Religious, entren en la mediche capèro et grange de aquets en grand danger deusdits abats et grangers et autres religious, et per portar images et autres merceries à vender per las crampes et trobads haber cometut auguns actes deshounestes et que plusiurs vagamonts et autres gents dissoluts armats de divers tahurets fen dance dens lous captits de ladite capère ab tambourins, arretucs et cansous deshounestes et que pire es dedens la gleyso devant ladite image de la boune Daüne en perturban lous dits religious

truirait l'autel qu'il recommandait à la protection de ses successeurs, et qu'elle livrerait aux flammes l'objet du culte de son père.

C'est sous le règne de Jeanne d'Albret que périrent toutes les richesses artistiques, tous les souvenirs accumulés durant des siècles dans ce sanctuaire si cher à la vallée. En 1569, les protestants envahirent Sarrance : tout fut pillé d'abord, puis incendié. Le feu dévora la vieille église qui, suivant un ancien auteur, semblait être plutôt l'ouvrage de la main de Dieu que de la main de l'homme. Le couvent, les appartements du roi de Navarre et de divers seigneurs, les titres de la maison, les chartes des priviléges, les procès-verbaux contenant la relation des miracles, tout fut impitoyablement brûlé.

Jeanne d'Albret aurait dû épargner Sarrance du moins en mémoire de sa mère. C'est là que

qui an a assister à la célébratiou divine en vituperi de Diü et de la Dame.

. . . . . Habem metut et metem sus nouste protectiun et sauvegarde lou abat, granger et religious, servidous nostes et toute la famille et biens, etc., etc.

Marguerite de Valois fait arriver les personnáges de son Heptameron qui viennent *à Notre-Dame de Sarrance pour envie de veoir le dévot lieu dont ils avoient tant oy parler*. C'est là qu'elle aimait à s'asseoir, non loin des tours de l'abbaye, *sur l'herbe verte si noble et délicate qu'il ne lui fallait ni carreau ni tapis ;* c'est là qu'elle donnait rendez-vous aux conteurs d'histoires *tous les jours depuis midi jusqu'à 4 heures..... Dedans ce beau pré le long de la rivière du Gave où les arbres sont si foeillez que le soleil ne scauroit percer l'ombre ni eschauffer la frescheur.*

Les passions religieuses, plus terribles encore que les passions politiques, sont difficiles à arrêter quand elles s'élancent dans la voie du mal. Jeanne d'Albret, qui aurait dû se montrer tolérante pour ceux qui pratiquaient une religion qu'elle avait pratiquée elle-même, enjoignit aux chanoines de Sarrance de se soumettre à ses ordres impies.

Cette princesse, altière et trop souvent cruelle pour les catholiques, eut beau commander l'apostasie et en donner l'exemple, tous les chanoines préférèrent le martyre. Tous périrent égorgés par le fer des soldats ou précipités dans les flots du Gave.

Un seul, l'abbé de Capdéqui, fut assez heureux pour échapper à ce massacre, et parvint à se réfugier en Espagne. Il emportait avec lui des vases sacrés de la chapelle et des objets précieux, tels que les ornements décorés des armes de Navarre, Aragon et Béarn. Avant son départ, il avait eu soin de transporter au loin dans la montagne la statue de la Vierge et de la mettre en sûreté dans une grotte.

Dès que la persécution contre les catholiques commença à se ralentir, il revint dans sa patrie, rapporta ce qu'il avait sauvé, restitua et rétablit sur le maître-autel la sainte image de Marie. Puis, il sacrifia sa fortune personnelle à relever les ruines du monastère.

Depuis cette restauration du culte de Notre-Dame, la piété populaire reprit avec ardeur la route de Sarrance.

Pendant les désordres de la Révolution, la statue fut encore sauvée. Elle continue à attirer de nombreux pèlerins dont l'affluence est très grande surtout aux fêtes de l'Assomption et de la Nativité de la Ste-Vierge.

La religion, avec ses remèdes divins et ses consolations sublimes, est éternelle comme les misères dont l'humanité est affligée.

A côté du simple montagnard de la vallée on voit encore s'agenouiller l'homme de la plus haute intelligence.

Lorsque le bruit de guerre a retenti au loin dans l'Orient, semblable aux preux chevaliers des croisades, plus d'un guerrier, suivant l'exemple d'un brave général dont le Béarn est fier, a envoyé son offrande et consacré son épée à celle qui protégea son enfance, et dont l'intercession est puissante auprès du Dieu des armées.

II

Description de la chapelle. — La statue de la Vierge. — Le rocher.

Le sanctuaire du moyen-âge, remarquable par sa belle architecture, fut entièrement renversé, comme nous venons de le dire, par la fureur des Huguenots.

Les ruines furent relevées au XVIIme siècle dans le style de la renaissance. L'abbaye et la chapelle ont eu encore à subir les dévastations de la période révolutionnaire. Le maître-autel avec ses colonnes et ses statues; deux autels collatéraux avec leurs riches décorations; des peintures estimées qui recouvraient tous les murs et qui représentaient, d'un côté, l'histoire de l'Ancien Testament, de l'autre, celle du Nouveau, devinrent la proie des flammes. Tous les ornements précieux aux armes de Béarn et des princes voisins furent pillés.

Les pertes causées par cette triste spoliation sont évaluées à plus de cent mille francs.

Il n'est resté de l'ancien ameublement que l'orgue, la chaire, le vestiaire de la sacristie.

La chapelle abbatiale est aujourd'hui l'église de la paroisse. Elle n'a pas recouvré ses anciennes richesses, mais son aspect extérieur produit toujours un pittoresque effet au milieu d'un riche encadrement de montagnes.

Sarrance a conservé cinq petites chapelles en très mauvais état. Celle qui se trouve près du rocher, où, d'après la tradition, la sainte image fut découverte, rappelle la mémoire de ce merveilleux évènement. Des sculptures sur bois y représentent le petit pâtre agenouillé avec le taureau devant la statue. La révolution a détruit quatorze oratoires qui s'élevaient dans les dépendances du couvent et formaient un calvaire.

La statue du moyen-âge subsiste encore. Elle est noire comme celle de Notre-Dame-de-Lorette et de Notre-Dame-du-Puy. La pierre de Sarrance est grossièrement sculptée ; elle ne ressemble en rien à celles que l'on peut trouver dans les carrières du pays ou dans les montagnes voisines. Aussi ne cesse-t-on de répéter avec le P. de Lassale : « Personne n'a pu con- « naître de quelle matière l'image est composée : « c'est sans doute l'ouvrage de Dieu devant « lequel doit s'abîmer l'intelligence humaine. »

Le rocher où l'invention aurait eu lieu, résiste aux attaques du temps, aux ravages des inondations, aux mutilations des pèlerins. Depuis des siècles, chaque visiteur qui se rend à Sarrance ne manque guère de détacher un échantillon du roc merveilleux. On vous dira encore de nos jours que ce fragment de pierre, religieusement conservé par une femme pieuse, a le don de faire cesser sa stérilité, car cette croyance s'est perpétuée dans la vallée.

III

Miracles.

Les anciens chanoines de Sarrance, *lous canonges*, comme les appellent les vieux titres, conservèrent dans les archives du monastère le récit des miracles constatés d'une manière authentique. Ces chartes vénérables furent brûlées, avons-nous dit, sous le règne de Jeanne d'Albret.

Le P. de Lassale a laissé la nomenclature détaillée des prodiges opérés au **xvii**^me siècle par l'intercession de Notre-Dame. Chaque déclaration est attestée et confirmée par des témoins qui vivaient encore lorsque l'auteur écrivait, et qui portaient presque tous des noms connus dans le pays.

On y voit des mères vouant leurs enfants à la Ste-Vierge qui les sauvait d'une mort imminente; des malades dont on désespérait, et qu'un vœu à Notre-Dame avait rendus à la santé; des femmes longtemps stériles et dont le mariage était enfin béni du ciel; des infirmités enfin de toute sorte subitement et merveilleusement guéries.

Les murs de la chapelle étaient ornés de peintures et d'ex-voto. Ces tableaux représentaient les guérisons miraculeuses; c'étaient des témoignages de la reconnaissance des riches. Les pauvres se bornaient à suspendre près de l'autel les béquilles qu'une céleste intervention avait rendues inutiles.

On racontait de touchantes histoires. Un

Béarnais, Bernard de Laporte, de Denguin, se trouvant à Rome en 1619, fut saisi d'une maladie d'une extrême gravité. Le souvenir de sa patrie lointaine se représente à sa pensée ; il se recommande à Notre-Dame de Sarrance, il guérit, et apporte à la chapelle de sa libératrice un tableau, fidèle image de cet heureux évènement.

Les miracles opérés dans ces lieux eurent au loin une grande renommée, et produisirent une vive sensation parmi les hommes les moins crédules.

M. de Forbert, conseiller au parlement de Navarre, et M. de Lurbe, s'étant trouvés à Sarrance, en 1628, y virent un enfant âgé de douze ans que sa mère avait emmené d'Espagne pour le consacrer à notre Vierge ; il était muet. En présence de la sainte statue, tout-à-coup sa langue se délie, il parle. M. de Forbert fut tellement frappé de ce miracle, qu'il abjura aussitôt les erreurs de Calvin.

Dans les dangers comme dans les souffrances, c'est le secours de la bonne Vierge qu'on implorait.

M. de Fondevielle d'Accous étudiait à l'université de Saragosse. Il revenait un jour dans la vallée d'Aspe pour voir sa famille affligée de la perte récente d'un de ses membres. Arrivé entre Ste-Christine et St-Antoine, au milieu de hautes montagnes, il trouva que la neige tombée en grande abondance avait couvert tous les sentiers. Ne pouvant plus reconnaître sa route, il veut retourner sur ses pas, mais il s'égare. Ses forces finissent par s'épuiser; la nuit approche; son sang commence à se glacer; le froid de la mort le fait frissonner... Toutes ses tentatives ont été vaines, tout espoir est perdu!... Alors il se met à genoux, il prie; il fait un vœu à Notre-Dame. Aussitôt, au loin, du côté de Sarrance, il aperçoit une lumière; cette lueur soudaine ranime son espérance et lui sert de phare dans cet océan de neige; il reconnaît bientôt les lieux où il se trouve, et, le 3 juin 1678, offrant son hommage de reconnaissance à la Vierge qui l'avait secouru, il faisait constater ce miracle par les supérieurs du couvent.

Lorsque des calamités désolaient nos campagnes, les populations entières s'adressaient à la divine consolatrice des affligés.

Les habitants d'Issor, dans la vallée de Barétous, étaient privés depuis plusieurs années des fruits de la terre. La famine et le désespoir semblaient habiter ces lieux maudits. Dans la désolation, ils implorèrent les secours de Marie, et lui promirent, si leurs vœux étaient exaucés, d'aller tous les ans en procession lui porter une offrande de 12 livres de cire sur son autel à Sarrance. Les fléaux, qui arrêtaient la fécondité de la terre cessèrent, et une abondance inespérée lui succéda. Les habitants d'Issor accomplirent leurs promesses, et depuis 35 ans, dit le P. de Lassale, ils persévèrent dans leur dévotion.

Si des infirmités les plus rebelles à la science humaine ont été guéries, si des fléaux les plus difficiles à conjurer ont été écartés par une foi ardente dans la toute puissante intercession de la mère de Dieu; qui pourrait redire combien d'âmes atteintes de maux ignorés, blessées par des passions profondes, tourmentées par des souffrances morales, ont trouvé une guérison plus merveilleuse encore que celle des maladies du corps, au pied de l'antique et vénérable image de Notre-Dame de Sarrance?

BIBLIOGRAPHIE.

ORIGINE DE LA DÉVOTION DE NOTRE-DAME DE SARRANCE, par le Père de Lassale, chanoine régulier de l'ordre de Prémontré. — Pau, Desbarrats, imprim.

Cet ouvrage était dédié à M. de Salettes, qui fut évêque d'Oloron de 1682 à 1704. Il a été réimprimé à Oloron par Lapeyrette en 1839.

Les archives de la préfecture des Basses-Pyrénées contiennent quelques titres inédits, qui m'ont servi.

Il existe aussi une notice manuscrite sur Sarrance, antérieure à l'ouvrage du P. de Lassale. C'est le manuscrit qui a quelquefois été cité.

NOTRE-DAME

DE PIÉTAT.

NOTRE-DAME DE PIÉTAT.

I

Histoire de la chapelle. — Relation de quelques miracles.

Pau est aussi renommé par la beauté du pays que par l'influence bienfaisante de son climat.

De tous les sites des charmants coteaux qui l'avoisinent, il n'en est pas de plus remarquable peut-être que celui où s'élève la chapelle de *Piétat :* Notre-Dame de Pitié.

Quel magnifique panorama se déroule aux regards de tous côtés! A l'orient, la riante vallée du Gave, est couverte partout de riches et nombreux villages : Meilhon, Assat, Bordes, Boeilh,

Angays, Lagos, Bénéjacq, Coarraze, Mirepeix, Baudreix, Arros, Baliros, St-Abit. Au midi, les hautes collines du bosc d'Arros, d'Asson, de Louvie, de Sévignac et le superbe amphithéâtre des plus admirables montagnes. A l'occident, les hameaux de la ville de Gan et du village d'Aubertin. Au nord, Narcastet, Rontignon, Mazères, Jurançon, et Pau, si fier de son vieux château des rois de Navarre.

Chaque jour des visiteurs se rendent à la sainte chapelle. C'est plus souvent la curiosité que la dévotion qui les y amène, et ils y viennent plutôt en partie de plaisir qu'en pieux pèlerinage. L'humble sanctuaire est solitaire et désert. Il ne se recommande ni par le caractère de l'édifice, ni par l'antiquité des traditions; cependant il a aussi des souvenirs, et la Reine des Anges du ciel, y répand de célestes faveurs.

Vers le milieu du xviime siècle, la commune de Pardies, située sur la route de Pau à Nay, vit, pendant plus de dix années, ses récoltes entièrement perdues. La famine était devenue telle que, d'après des actes contemporains, un arpent de bonne terre se vendait pour une mesure de millet. Le pauvre n'avait pour faire sa soupe d'autres légumes que des orties et des chardons. Les pères épouvantés quittaient avec leurs enfants ces régions désolées pour aller chercher du pain en Espagne. Jamais on n'avait vu tant de fléaux tomber avec tant de persistance sur nos malheureuses campagnes ; jamais la grêle n'avait été si grosse ; jamais la foudre n'avait été si terrible ; jamais le soleil n'avait été si dévorant ; jamais l'ouragan et les tempêtes n'avaient été si désastreux.

Les habitants de Pardies étaient privés de leurs deux églises, renversées par les Huguenots, qui les avaient remplacées par un temple.

Ce n'est que depuis l'arrivée du roi-Louis XIII à Pau, en 1620, que les catholiques avaient obtenu la liberté de leur culte. Un jour de dimanche, le 29 mai 1661, à l'issue des vêpres, ils s'assemblèrent pour délibérer sur les moyens d'apaiser la colère céleste. Ils firent vœu d'élever à Notre-Dame de Pitié un oratoire sur le haut de la colline Testamale ; ils décidèrent en

4

même temps qu'un député serait aussitôt envoyé vers l'évêque de Lescar pour obtenir son consentement. Le mardi, 31 du même mois, leur demande était accueillie; la construction d'une chapelle était autorisée, à la charge par la communauté de Pardies de l'entretenir de ce qui était nécessaire pour la décence du service divin, sans préjudicier à l'église paroissiale, au curé ni au patron du lieu, et de mettre l'acte de cette obligation entre les mains du premier promoteur.

Le mercredi 1er juin, les catholiques, réunis pour recevoir la nouvelle du succès de leur message, résolurent de commencer le lendemain même les travaux. Leur projet fut exécuté avec une ardeur digne des premiers chrétiens. En vain un orage éclata sur les travailleurs, ils ne ralentirent pas leur œuvre, et le ciel semblait bénir leurs efforts : aucun ouvrier ne tomba malade malgré sa pieuse imprudence. On assure même que des malades qui voulaient, eux aussi, contribuer à élever ce temple de la Vierge, furent merveilleusement guéris.

A peine les contrées si longtemps dévastées

eurent-elles été mises sous la protection de la
mère de Dieu, que l'air sembla perdre sa funeste
influence et la nature reprendre sa fécondité.
La joie et l'abondance succédèrent à la désolation et à la misère. Les Béarnais revinrent dans
leur village natal, et bénirent la Vierge qui les
rappelait de l'exil.

La chapelle de Piétat avait été construite avec
tant d'empressement que, malgré la difficulté
des lieux et l'éloignement des matériaux, l'édifice
fut achevé dans l'espace de deux mois et demi.
Le 15 août 1661, l'évêque de Lescar donnait
l'autorisation d'y célébrer la messe. Le lundi 29,
les catholiques passèrent devant Parages, notaire
de Nay, un acte dans lequel il est fait mention
des fléaux dont le pays était affligé depuis dix
ans, et de la résolution qu'ils avaient prise et
exécutée de bâtir la chapelle de Notre-Dame de
Piétat pour désarmer le courroux du ciel par
leurs prières et par l'intercession de la Ste-
Vierge.

La dédicace et la bénédiction du sanctuaire
eurent lieu le 31 août. Cette cérémonie fut

plutôt remarquable par un profond sentiment de piété que par une grande pompe. Tous les catholiques des environs y étaient accourus en foule.

Les grâces, les miracles, prodigués à la chapelle, y attiraient chaque jour une affluence plus grande de pèlerins. Le curé de Pardies allait y célébrer les saints offices à toutes les solennités de la Vierge. On éleva une espèce de clocher pour recevoir, en 1662, une cloche portant l'inscription : *Mater misericordiœ, ora pro nobis.*

Plusieurs prêtres sollicitaient la faveur de résider dans une maison voisine, pour être à portée des pèlerins, pour dire la messe et pour prêcher les jours de fête. Il fut enfin décidé que le curé de la paroisse serait chapelain de Piétat, à la charge par lui de donner un vicaire au gré de la communauté.

Un curé, nommé de Brèque, contribua puissamment par son saint zèle aux progrès de cette dévotion.

La veille de la fête de la Vierge, les pèlerins arrivaient quelquefois de très loin. Ils passaient la nuit, en plein air ou dans le sanctuaire, à chanter des cantiques en l'honneur de la mère de miséricorde. Pour éviter les désordres qui pouvaient se glisser dans cette foule agglomérée pendant l'obscurité, sous les arbres, autour de l'oratoire, les paroisses voisines décidèrent que les fidèles se rendraient en procession à Piétat. Ces cérémonies se faisaient avec une pompe et une dévotion édifiantes. Les malades merveilleusement guéris apportaient des offrandes, des lampes, de l'argent, du linge, des ornements, des images, des tableaux. Ainsi la chapelle s'embellissait, et bientôt il fallut l'agrandir.

Le Souverain Pontife, par une bulle du 12 mai 1709, autorisa l'établissement d'une confrérie du scapulaire. Il accorda aussi des indulgences à tous ceux qui contribueraient à l'agrandissement de l'édifice et qui feraient des bonnes œuvres les jours de St-Abdon et de St-Sennen.

Une quête, autorisée par les évêques du Béarn, eut lieu dans tout le pays, et permit de faire de grandes réparations à la chapelle. En 1753, l'oratoire primitif fut exhaussé, élargi, et décoré d'un grand tableau représentant l'Assomption.

L'évêque de Bayonne, Mgr Lacroix, s'occupe en ce moment de l'avenir de ce sanctuaire, et le vénérable prélat se propose d'en confier la garde à des religieux ou à des missionnaires.

L'abbé Bonnecase, de Pardies, curé d'Angos, écrivit l'histoire de Piétat en 1781. Il se plaint qu'on ait pris peu de soin de constater les bienfaits nombreux obtenus de Dieu par l'intercession de Notre-Dame ; il a recueilli cependant quelques relations de miracles sur des feuilles volantes, signées de MM. de Vergès et de Carrères, prêtres du lieu et chapelains de Piétat. On y voit beaucoup de maladies réputées incurables, de longues infirmités soudainement guéries. Mais le principal miracle, c'est la cessation immédiate de tous les fléaux et la conversion de la population entière au catholicisme.

Il serait trop long d'énumérer tous les faits merveilleux dont le récit est rapporté dans des documents d'une authenticité et d'une sincérité incontestables. En voici seulement quelques uns :

Une femme de Sévignac avait un enfant de deux ou trois ans qui était privé de l'usage de ses jambes. Il pleurait sans cesse; il avait des convulsions et ne pouvait trouver de repos ni dans son lit ni sur les bras de sa mère. Alors, cette femme désolée eut recours à Notre-Dame de Piétat. A peine fut-elle à quelques pas de la chapelle, que l'enfant s'endormit sans jamais se réveiller, même lorsque la mère le changeait de main pour se reposer, pour se confesser ou pour communier. Il ne se réveilla qu'au retour, au lieu même où il s'était endormi. Il ne pleurait plus : il était guéri.

Ce fait est consacré par une attestation signée de M. de Vergès, prêtre de Pardies, le 22 février 1703.

Le même abbé de Vergès certifie que Mme de Candau, femme d'un conseiller au Parlement, ayant passé neuf ou dix ans depuis son mariage sans avoir des enfants, devint mère après un vœu fait à Notre-Dame de Piétat.

L'abbé de Carrères, chapelain, déclare aussi avoir été témoin de divers miracles.

Un nommé Bernadets, de Pau, était retenu dans son lit depuis sept à huit ans par des infirmités qui le tourmentaient la nuit et le jour. Après avoir promis à Dieu de se repentir de ses fautes et de mener une vie nouvelle, il prit la résolution de se faire transporter à la chapelle de Piétat. Il fallut le tenir à cheval en allant. Au retour, après avoir reçu les sacrements, on le vit, au grand étonnement de tout le peuple, marcher seul, à pied, glorifiant les bontés de Dieu.

Une veuve avait un fils unique engagé dans une affaire importante qui pouvait ruiner son honneur et sa fortune. Profondément affectée des vives inquiétudes de son fils, elle priait Dieu de les faire cesser. Elle alla déposer ses vœux et ses larmes sur l'autel de Piétat, et la bonne Vierge lui apparut en songe pour la consoler ; et depuis lors son fils eut le bonheur de sauver sa réputation compromise ; et chaque année la veuve reconnaissante se rendait en pèlerinage devant l'image de la consolatrice des affligés.

Il serait trop long de reproduire ici le récit de toutes les guérisons merveilleuses opérées par l'intercession de Notre-Dame. Citons cependant, en finissant, une intéressante relation signée par de Brèque, curé de Pardies, et datée de 1710.

Un jour, un homme et une femme d'Oloron vinrent le prier de faire une neuvaine pour leur fils aîné dont ils n'avaient pas reçu de nouvelles depuis bien longtemps. Ce jeune homme était allé en Espagne, et l'on ne savait ce qu'il était devenu. Ses parents inconsolables ne pouvaient expliquer son silence que par quelque grand malheur. Pendant la neuvaine, ils logèrent chez Suberbielle, au village, et chaque matin ils allaient entendre dévotement la messe à Piétat.

Notre-Dame eut pitié de leur affliction. Or, voici ce qui arriva. Le jeune homme avait été pris par les Marocains et vendu comme esclave. Il servait un grand seigneur avec deux compagnons d'infortune. L'un d'eux commit une action digne de mort. Le maître, ignorant quel était le véritable coupable, les fit mettre tous trois au cachot, et décida qu'on tirerait au sort celui qui devait périr. Le jeune Béarnais, dans sa prison, ne cessait de se recommander à Notre-Dame de Piétat. Le jour fatal arrive. Le seigneur avait donné une fête, et c'est après le repas qu'il voulait faire tirer le sort aux trois esclaves, comme un spectacle et une distraction pour les convives. Parmi eux se trouvait une dame étrangère, avec sa fille âgée de dix à onze ans. Les trois esclaves sont amenés. La petite fille regarde le Béarnais. Il était d'un physique remarquable, et sa figure, ennoblie par la prière, avait quelque chose de touchant. Elle se sentit émue, et dit à sa mère de demander grâce pour lui. Le seigneur l'entendit, et s'empressa d'accorder à l'enfant la première grâce qu'elle lui eût demandée. Le jeune homme fut dispensé de tirer le sort et obtint même sa liberté.

Il lui fut permis de partir; il s'embarqua sur un bâtiment portugais, et aborda à Lisbonne. Dès qu'il eut touché terre, il s'empressa d'écrire à sa famille sa captivité, et sa délivrance qu'il attribuait à l'intercession de Notre-Dame de Piétat. Sa pauvre mère, nommée Marguerite Lassale, faillit expirer de bonheur. Dieu avait exaucé ses vœux. Mais quand son fils lui sera-t-il rendu ? Elle est sans cesse attirée sur la route de l'Espagne par l'espoir de le voir revenir. Enfin, un jour, des voyageurs paraissent. C'est lui ! c'est son enfant ! Son cœur l'a reconnu aussi vite que ses yeux. Elle le serre dans ses bras, et rien n'égale la joie indicible de son âme, si ce n'est sa reconnaissance envers la Vierge.

Lorsqu'ils se racontèrent les détails de l'absence, un fait remarquable les frappa. La date de la délivrance, constatée sur le passeport, coïncidait avec celle de la neuvaine que la famille avait fait faire à Piétat.

Touchés de cette circonstance, ils prirent la résolution de se rendre à la chapelle pour offrir leurs actions de grâce au Sauveur. Peu de jours après, on les vit tous ensemble agenouillés aux pieds de la Vierge qui avait arraché le jeune homme aux dangers de la mort et aux mains des Barbares. Ils apportaient une modeste offrande d'argent et de cire, et faisaient célébrer une neuvaine comme témoignage d'une reconnaissance dont la mémoire ne s'est pas encore effacée.

BIBLIOGRAPHIE.

HISTOIRE DE LA CHAPELLE DE NOTRE-DAME DE PIÉTAT, sise au lieu de Pardies, près de Nay, faite en 1781 par le sieur JEAN BONNECAZE, prêtre dudit lieu, curé d'Angos.

Pau, Vignancour, 1781.

Brochure in-18 de 63 pages, y compris des prières et cantiques.

Le premier cantique intitulé : *cantique spirituel*, ne brille point par l'esprit, et semble n'être fait, comme tous les autres, que pour les personnes simples de la campagne. Voici les premiers vers :

> Apprenez-nous, je vous supplie,
>   Quel est ce lieu,
> Où est l'image de Marie,
>   Mère de Dieu.

> On dit qu'elle est dans un désert,
>   Assez ornée,
> Et les peuples vont de concert,
>   Où elle est honorée.

> Ce lieu est beau et admirable,
>   Par sa hauteur,
> C'est le séjour le plus aimable
>   Pour un pécheur.
>   Etc., etc.

NOTRE-DAME

DE BÉTHARAM.

NOTRE-DAME DE BÉTHARAM.

I

Origine du sanctuaire. — Son importance dans le passé. — Son importance de nos jours.

Bétharam est aujourd'hui le sanctuaire de la Vierge le plus renommé en Béarn. Il a eu pour historien le célèbre Pierre de Marca, qui, après avoir été président au parlement de Navarre, est mort archevêque de Paris. Dans son *Traité des merveilles de Bétharam*, cet auteur s'exprime en ces termes :

« Il est arrivé à cette chapelle un accident semblable à celui que souffrent les anciens établissements dont l'origine est presque toujours incertaine dans les histoires. La vieillesse qui les recommande leur faisant cette douce injure que de faire perdre la mémoire de leur commencement. »

L'ignorance où nous sommes des antiquités de la chapelle tient surtout à sa destruction par les Huguenots dans le xvime siècle. Bétharam est le nom exclusif de ce sanctuaire isolé qui est à quelque distance d'un bourg voisin, Lestelle (*stella*, étoile).

Rien de plus divers que les étymologies qu'on a voulu donner à ce nom et que les légendes ou traditions dont on a voulu les appuyer. Selon les uns, Bétharam a une origine arabe *(beit haram*, demeure sacrée). D'autres, comme Marca, lui prêtent une origine hébraïque *(beth Aram*, maison du Très-Haut). D'autres enfin lui attribuent, comme M. Menjoulet, une origine béarnaise *(bet arram*, beau rameau), et voici la légende par laquelle on explique cette dernière étymologie.

Il y avait déjà longtemps que la chapelle existait sous une dénomination que nous ne connaissons plus, lorsqu'une jeune fille tomba, non loin de là, dans les eaux du Gave. Elle allait se noyer, lorsqu'elle implora la Ste-Vierge. Aussitôt une branche se trouve sous sa main et l'aide à regagner le rivage. Par reconnaissance, la jeune fille plaça sur l'autel de sa libératrice une branche aux feuilles d'or, et, de là, le nom de Notre-Dame du *beau rameau*, de *Bet-arram*.

Que l'offrande d'une belle branche présentée à la Vierge, qui recevait tant de dons et qui opérait tant de miracles, ait fait tout-à-coup et complètement disparaître le nom primitif de cet oratoire, c'est ce que l'on a peine à comprendre. Il est plus vraisemblable de supposer que le nom actuel est contemporain de la fondation. Ajoutons que cette légende est récente ; aucun auteur ne la rapporte avant le poème qu'écrivit, sur Bétharam, Bastide (1) au XVIIme siècle. D'ailleurs,

(1) Si cette légende doit son origine à Bastide, elle doit surtout sa popularité à un autre poète, M. Vincent de Bataille, qui en a fait le sujet d'une délicieuse pièce de vers.

cette étymologie modifie notablement la véritable orthographe du mot, qui semble d'origine hébraïque, et qui se retrouve exactement dans les livres saints. Dans Josué et dans plusieurs autres passages de la Bible, il est parlé d'une vallée de *Betharam* ou *Betharan*.

Lorsque le brave Gaston IV, seigneur du Béarn, un des plus vaillants chevaliers des Croisades, rentra dans sa patrie, il signala sa dévotion à la Vierge par des monuments élevés en son honneur. Il avait passé de longs jours devant les murs de Jérusalem. C'est lui qui dirigeait les machines de guerre ; c'est lui qui monta un des premiers à l'assaut. Or, l'endroit où s'élève la chapelle ressemble, disent les historiens, par la configuration du sol et l'aspect du paysage, à la partie occidentale de Jérusalem, où l'on voit le torrent de Cédron, la vallée de Josaphat, et la montagne des Oliviers.

Pourquoi Gaston n'aurait-il pas été frappé de cette ressemblance, et n'aurait-il pas donné à ces lieux un nom emprunté à une vallée de la Judée dont le Seigneur l'avait ramené triomphant ?

Dans plus d'une légende fameuse, comme celle du sire de Garo, on voit des croisés élever en France des chapelles à Notre-Dame de Bethléem ou de tout autre lieu célèbre dans l'Ecriture. Ce qui semble venir encore à l'appui de cette opinion, c'est que j'ai lu dans un vieux manuscrit, qu'une religieuse originaire de Lestelle, qui prit, en 1540, le voile dans le couvent de Ste-Claire de Mont-de-Marsan, rapportait que de son temps on appelait *Terre Sainte* le terrain où était la chapelle. En fait d'étymologies, comme en fait de traditions, les plus anciennes sont en général celles qu'il faut préférer. Voici ce que j'ai découvert dans une feuille détachée d'un manuscrit perdu, feuille précieusement gardée dans les archives de la préfecture des Hautes-Pyrénées :

« Un jour, des pasteurs qui étaient dans ce
« quartier à faire paître leurs troupeaux trouvè-
« rent une image de la Ste-Vierge. Les habi-
« tants de Lestelle en étant avertis, la transpor-
« tèrent dans l'église de la paroisse. Mais,
« quoique l'église fût exactement fermée, on

« trouva le lendemain l'image dans l'endroit où
« elle était auparavant. On y bâtit une espèce
« de chapelle pour la couvrir.

« On raconte encore qu'une femme, Hono-
« rette Bonot, retournant du bois, posa son
« fagot près de cet oratoire et cria de toute sa
« force : *Ste-Vierge, aidez-moi !* qu'elle en-
« tendit une voix qui, l'exhortant à dire : *aidez-*
« *nous*, lui ordonna de dire de sa part aux
« jurats de Lestelle de lui bâtir une chapelle
« plus grande. On la traita de visionnaire, et
« elle ne fut point écoutée. Elle reçut un nou-
« vel ordre avec la menace que si les habitants
« de Lestelle ne commençaient pas la chapelle
« le lendemain, ils auraient lieu de s'en repen-
« tir. La menace fut également inutile.

« Le lendemain, vers les dix heures du matin,
« le temps étant clair et serein, il s'éleva un
« orage furieux, accompagné de grêle extraor-
« dinaire. Les habitants de Lestelle qui, selon la
« coutume, étaient accourus à l'église, marchè-
« rent en procession vers le lieu où était l'image,
« et, lorsqu'ils furent arrivés au ruisseau appelé

« du *Cap de la viele*, l'orage cessa. Ils conti-
« nuèrent la procession et commencèrent dès-
« lors à tracer la chapelle qui fut bientôt finie. »

Rien dans les anciens documents ni dans les anciennes traditions ne peut indiquer la date précise de la fondation. Le simple récit que nous avons textuellement reproduit diffère un peu des vieilles légendes pour quelques détails, mais s'accorde avec elles pour le fond.

La renommée des pèlerinages de Notre-Dame de Bétharam remonte au moyen-âge. Lorsque tant de siècles se sont écoulés, lorsque tant de révolutions se sont succédé, lorsque tant d'ins-titutions humaines ont été renversées, cette re-nommée subsiste toujours, et la *dévote chapelle* est toujours un lieu de refuge et de consolation pour les âmes pieuses et les cœurs souffrants.

Il serait intéressant de redire son histoire lorsque les seigneurs féodaux, mêlés aux pâtres des montagnes, accouraient en foule pour s'age-nouiller ensemble au pied du même autel, et y implorer les mêmes secours contre les misères de la vie.

Quoi qu'il en soit de l'origine de Bétharam, c'était un lieu célèbre de pèlerinage dont l'histoire eût sans doute présenté un grand intérêt, si les archives et les trésors de la chapelle n'avaient péri dans l'incendie allumé par les troupes du comte de Montgommery. Les catholiques béarnais, voyant leur souverain proscrire leur culte, s'étaient mis sous la protection du roi de France. Tarride fut envoyé par le duc d'Anjou pour s'emparer du pays. Le comte de Montgommery, appelé de son côté par la reine Jeanne, entra dans le Béarn par la vallée de St-Pé, et, en passant près de la chapelle de Bétharam, il la livra aux flammes (1569). Il n'en demeura, dit le P. Poiré, que les seules murailles qui résistèrent au feu. La statue miraculeuse fut pieusement enlevée par un prêtre qui, après l'avoir cachée pendant cinq ans à Lestelle, dans la maison Saubate, se décida enfin à la mettre en sûreté à Jaca, où elle est vénérée sous le titre de Notre-Dame la *française* ou la *gasconne*. La religion catholique, bannie et proscrite, ne commença un peu à se relever qu'en l'année 1599, lorsque Henri IV rétablit les deux évêques de Lescar et d'Oloron.

Pendant la durée de cette longue persécution, la chapelle renversée semblait n'être pas abandonnée par la bonté divine. Dieu témoignait d'une manière visible, assurait-on, son désir d'être honoré dans un lieu consacré par la prière de tant de générations.

« On remarquait, dit Marca, historien de faits contemporains, une lumière qui éclairait la chapelle pendant la nuit, pour signifier que la Providence de Dieu ne délaisserait point son peuple dans les ténèbres de l'erreur.

Le P. Poiré dit aussi (1) qu'on racontait d'étranges choses sur les ruines de l'oratoire désert. « On y voyait ordinairement dans la nuit de grandes lumières et des clartés au-dedans, comme s'il y eût eu plusieurs lampes et flambeaux allumés, et on y entendait des voix et des concerts harmonieux. »

(1) Voir la *Triple couronne de la bienheureuse Vierge, mère de Dieu*, par le R. P. François POIRÉ, in-4°, 1630, et in-f°, 1639.

Des miracles s'y opéraient toujours par l'intercession de la Vierge.

En 1610, Jeanne de Faurat de Lestelle vit un jour ses trois enfants en proie en même temps à une horrible épidémie qui faisait de grands ravages dans la contrée. Cette femme désolée avait inutilement invoqué les secours de la science humaine. Elle les recommande alors à la mère de Dieu. Elle fait vœu, si elle obtient leur guérison, de les porter aux masures de la chapelle, et d'y passer une nuit en prières. A peine ce vœu était-il exprimé que la santé fut rendue aux trois enfants qui semblaient voués à une mort certaine. Ce fait eut un grand retentissement dans la contrée. Le père et la mère l'affirmèrent sous la foi du serment le 9 mai 1623, devant M° Hubert Charpentier, chapelain de Bétharam, et devant les jurats de Lestelle.

Ce miracle ne fut pas le seul obtenu par les supplications de la tendresse maternelle. Une femme porte un enfant difforme aux ruines de la chapelle; elle fait un vœu à Marie, et la difformité de son fils disparaît merveilleusement.

Jean de Salettes, évêque de Lescar, ne pouvait rester insensible à ces manifestations éclatantes de la bonté divine. Faisant un jour sa visite pastorale dans la ville de Nay, il chargea David Bequel, curé de cette paroisse, de se rendre à Bétharam pour examiner s'il ne serait point possible de restaurer ce lieu de dévotion. Les renseignements furent favorables, et l'évêque obtint du roi des lettres pour le rétablissement de la chapelle. Le conseil souverain de Béarn, tout composé de calvinistes, vérifia les lettres patentes sans difficulté, contre l'attente des catholiques.

Ce fut avec ardeur que les habitants de Lestelle se mirent aussitôt à l'œuvre.

Dans ce temps-là, Garaison avait repris son ancien éclat, grâce au dévouement intelligent et pieux d'Hubert Charpentier. L'évêque de Lescar le fit prier de venir à Bétharam pour lui prêter son aide. Quelques troubles survenus en 1615 suspendirent les bons effets qu'on pouvait attendre du zèle de ce serviteur de Dieu et de Marie.

Ce fut surtout à Pierre Geoffroy, supérieur de Garaison, qu'appartint l'honneur de la réorganisation du culte dans la chapelle depuis si longtemps désolée.

Sans crainte de soulever les protestants par des démonstrations éclatantes et publiques, un jour il se mit en marche vers le Béarn, accompagné de six prêtres et de la brillante musique de son église.

C'était alors un long voyage, que d'aller de Garaison à Lestelle. Partout les pieux pèlerins recevaient bon accueil. M. et Mme de Mieussens les reçurent dans leur château de Coarraze et les suivirent le lendemain à Nay. C'est de là qu'ils partirent pour aller à Bétharam. Ce fut une solennelle et magnifique procession, composée au départ de deux mille personnes; elle s'était grossie, avant d'arriver, de la population catholique de toutes les vallées voisines.

La première messe fut célébrée dans la chapelle par Geoffroy. C'est sur la place publique qu'il dut prêcher : son auditoire se composait de plus de 5000 personnes.

Le P. Poiré raconte ainsi les progrès rapides de ce sanctuaire de Notre-Dame :

« Le flambeau de la dévotion que l'hérésie
« y avait éteint se ralluma plus ardent et plus
« lumineux qu'auparavant, et les fontaines de
« grâce qui y avaient été taries commencèrent
« à découler plus abondantes qu'elles n'avaient
« jamais fait. »

Une congrégation de prêtres se voua à la propagation du culte de la Vierge. Ils eurent, dans les premiers temps, bien des privations à souffrir. « Ils combattirent contre la nécessité, dit
« Marca, et ils s'armèrent d'espérance contre
« l'espérance, se persuadant que la Vierge qui
« avait procuré les commencements d'une œu-
« vre si sainte la porterait à sa perfection. »

Des secours leur arrivaient de la part des âmes pieuses. La noble dame de Coarraze les aidait à se nourrir ; elle venait aussi à leur secours pour la construction de la voûte de l'église. Ce n'était guère encore que l'attente d'une chapelle plutôt qu'une chapelle, et cependant la renommée de ce lieu béni de la Vierge se répandait au loin.

Léonard de Trapes, archevêque d'Auch, vint visiter Bétharam en grande pompe, précédé de sa croix archiépiscopale, accompagné processionnellement de tous les personnages du pays, d'un nombre considérable de prêtres de Béarn et de Bigorre, et de tous les religieux de l'abbaye de St-Pé. Ce pieux prélat déposa lui-même sur l'autel la statue de la Vierge qu'il avait apportée, et, Dieu l'aidant à toucher les cœurs, il reçut le même jour l'abjuration d'une dame calviniste.

Il présida ensuite à une sainte cérémonie, et, prenant possession de la colline du calvaire, il y planta une croix au nom de Jésus et de Marie.

Les souvenirs de cette touchante fête furent toujours chers à l'archevêque, et, à l'heure de la mort, se recommandant à Notre-Dame de Bétharam, il lui léguait une lampe d'argent avec les fonds nécessaires pour son entretien à perpétuité.

Marca fixe l'époque de l'arrivée de Léonard de Trapes au mois de juillet 1616. Un acte inédit, du 19 août 1616, constate la donation du calvaire faite par les habitants de la communauté de Lestelle. « *An tfey donation pure, simple, et* « *irrévocable, per tout temps et à jamès en* « *faveur de la chapelle aperade de Betharam* « *fondade aü dit loc de Lestelle.* »

Le mois de septembre de la même année, cinq personnes du village de Montaut étaient assises pendant leur repas sur un tertre d'où leur regard dominait toute la colline de Bétharam. Tout-à-coup, sous un ciel pur, sans la moindre menace d'orage, elles entendirent gronder un vent impétueux; elles virent la croix plantée par l'archevêque violemment couchée à terre, et puis se relever merveilleusement d'elle-même en se couronnant, comme d'une auréole, d'une mystérieuse lumière.

Marca se livre à une longue et savante discussion pour démontrer que ce fait repose sur les preuves les plus propres, d'après les règles de la logique, du bon sens, du droit civil et du droit canon, à produire la certitude humaine.

Louis XIII fut obligé de se rendre en Béarn en 1620, pour rétablir le culte catholique. Il ne fallut rien moins que la présence du roi lui-même pour mettre un terme à l'intolérance inouïe des Huguenots. Lorsque la liberté religieuse eut été entièrement reconquise, l'évêque de Lescar reporta ses affections et sa pensée vers Bétharam. Il appela de nouveau Hubert de Charpentier, le restaurateur de Garaison. Ce saint prêtre hésitait à quitter l'hôpital de Bordeaux, où il se consacrait en ce moment au service des pauvres. Se retirer dans un lieu sauvage et reculé comme celui de Lestelle, n'était-ce pas s'exposer à s'épuiser en stériles efforts, sans profit pour le salut des âmes et pour la gloire de Dieu ? Cependant, faisant taire les conseils de la raison pour n'écouter que les inspirations du cœur, il se sentit entraîné vers l'antique sanctuaire de la Vierge.

Dès son arrivée à Bétharam, il résolut d'y établir des chapelains à résidence fixe. Malgré les difficultés qu'offrait à ce projet la pauvreté du pays, une congrégation de prêtres fut formée en 1621. Des constructions assez considérables s'élevèrent. La chapelle fut agrandie. La ville de Bordeaux fit don des vases sacrés et des autres objets nécessaires au culte divin.

Une source qui, jadis, tombait du rocher, s'était perdue. Depuis longtemps elle était vainement recherchée, lorsque, la veille de l'Assomption, en 1622, elle jaillit tout-à-coup, comme si Dieu eût voulu que toutes les faveurs fussent répandues en ce lieu au nom de Marie.

Charpentier entreprit de joindre à la dévotion des mystères de la Vierge celle des mystères de la passion de son divin fils, et fonda un calvaire sur les collines de Bétharam.

Ce fut le vendredi saint de l'an 1623 que la croix fut solennellement plantée au haut de la montagne, sur le flanc de laquelle étaient placés de distance en distance des ermitages destinés à offrir asile à la piété des pèlerins.

Une première et magnifique procession y eut lieu cette même année, le jour de la Nativité de

Notre-Dame. La foule était si grande que l'on pouvait dire avec saint Chrysostôme : « que le concours empressé du peuple était une preuve assurée du bon choix de l'endroit et des merveilles qui s'y opéraient. »

Les populations du pays et les pèlerins des contrées lointaines ne cessèrent d'accourir à ces stations qui leur rappelaient les plus touchantes scènes de la Passion par des images propres à impressionner vivement les esprits. Marca rapporte que des protestants, notamment M. de Gassion, arrivés à Bétharam pour se divertir de la superstition du peuple, étaient revenus profondément touchés de ces édifiantes pratiques de dévotion.

Le fondateur du calvaire de Bétharam établit plus tard, auprès de Paris, celui du Mont-Valérien. « Précieuse branche, dit un écrivain, sortie de cette tige féconde en fruits de salut que le pieux Hubert Charpentier avait, quelques années auparavant, plantée dans le Béarn. »

Jean de Salettes, évêque de Lescar, adressa des remerciements au saint prêtre. Dans un

titre inédit du 29 juin 1626, il lui écrivait :
« La chapelle votive de la bienheureuse Vierge
Marie *de Betharam* que vous proposez de nom-
mer *du Calvaire*, avait été renversée par la rage
et la barbarie des hérétiques. C'est vous qui
l'avez restaurée. Vous lui avez même donné
plus d'éclat qu'elle n'en avait jamais eu : c'est
avec vos propres ressources et votre patrimoine
que vous avez tout fait, aidé, comme nous
l'avons appris, par les aumônes de quelques
personnages riches et distingués qui ont voulu
venir à notre secours, pour montrer combien
ils appréciaient vos mérites, votre science, votre
piété. »

L'évêque nomma Hubert supérieur, avec le
droit de choisir pendant sa vie six chapelains ou
plus pour l'exercice du culte et la réception des
pèlerins.

Les statuts de la congrégation furent rédigés et
approuvés en 1633. L'original existe, signé notamment par l'évêque et Hubert Charpentier.

Louis XIII, au mois d'août de la même année, accorda des lettres patentes pour confirmer ces statuts.

Une confrérie de la Sainte-Croix, organisée pour exciter la piété, fut dotée d'indulgences plénières et partielles par le pape Urbain VIII, dans une bulle à la date du 3 juin 1638.

Dans l'inventaire de la chapelle, dressé le 25 octobre 1790, figurent des pièces que nous n'avons pas retrouvées, notamment des privilèges accordés en 1643 à Bétharam.

La congrégation compta dans son sein des membres distingués. Son vénérable doyen, David Bequel, collaborateur de Charpentier, décéda en 1650. Son digne successeur, Tristan Lupé de Garaimé, a laissé une réputation de savoir et de piété qui lui survit encore.

Parmi les chapelains, il en est un qu'il faut citer, c'est Pierre de Bastide, le poète de Bétharam. Il a laissé des traductions en latin des œuvres chrétiennes du célèbre Arnaud d'Andilly, et des compositions originales également en latin. Il a publié des vers sur St-Joseph, une paraphrase des litanies de la Vierge, et un poème de

1280 vers sur Bétharam. Ce poème , consacré à chanter les lieux que le poète habite, ne manque pas de poésie, et respire les sentiments de la plus vive dévotion.

Plusieurs années de calme s'écoulèrent et nul événement important ne vint troubler ce paisible asile de la prière.

En 1705, le calvaire, créé par Charpentier, fut agrandi et reconstruit sur un plan plus large. Les donations pieuses abondaient toujours en faveur de la chapelle.

La règle, au XVIIIme siècle, ne fut pas toujours rigoureusement observée dans la congrégation. Mais, lorsque cette institution semblait décliner, la Providence suscitait des hommes de dévouement qui arrivaient de loin, renonçant à des bénéfices souvent considérables, pour se vouer à la prédication et travailler au salut des âmes. Une partie de l'année était consacrée à des missions dans le diocèse, et l'autre partie à pourvoir aux besoins spirituels de nombreux pèlerins.

Chaque fois qu'un malheur public venait désoler la contrée, les missionnaires cherchaient à désarmer par la prière le couroux du ciel. Ils prêchaient la charité, et ils en donnaient l'exemple. En 1776, une contagion, qui faisait périr les bestiaux, ravagea les provinces du Midi de la France, et se fit surtout cruellement sentir en Béarn. Les Etats de la province envoyèrent une députation à Paris pour solliciter les secours du roi. M. de Noé (1), célèbre évêque de Lescar, fit un appel aux fidèles de son diocèse, et, s'adressant à nos chapelains, il s'écriait : « Missionnaires de la chapelle de Notre-Dame de Bétharam, qui, sans vous attacher à aucune portion du troupeau, en partagez avec nous la sollicitude générale; qui, tantôt sur les pas des apôtres, courez après le pécheur, et tantôt, au pied de la croix sur le calvaire, attendez que la grâce et le remords vous le ramènent : vos bras, comme ceux du Sauveur, sont toujours étendus pour recevoir la foule qui s'empresse et qui s'accuse. Mais que vous avez peu d'instants pour sonder

(1) Recueil de différents ouvrages de M. de Noé, évêque de Lescar. Londres, 1801, p. 74.

tant de plaies et discerner tant de pécheurs! Que du moins la charité, l'abrégé du chrétien, soit l'épreuve abrégée du pénitent ! Dites aux pécheurs de racheter leurs péchés par l'aumône. Que leurs dons, plus abondants, soient la preuve de leur repentir et le garant de leur persévérance ! A leurs offrandes joignez encore les vôtres, et venez grossir le tribut que nous levons pour le soulagement de nos frères. »

L'expulsion des jésuites profita aux Bétharamistes, qui recrutèrent dans leur sein des hommes de piété et de science.

On cite parmi les chapelains des derniers temps des noms recommandables. Ainsi, l'abbé Cassiet, après avoir prêché avec succès l'Evangile parmi les sauvages, renonça à de royales récompenses et à de riches bénéfices pour se consacrer dans la retraite de Bétharam au perfectionnement moral des populations béarnaises. Ainsi, M. Touton, auteur d'une histoire de la chapelle, dévouait son zèle, son talent, sa fortune au service de Notre-Dame.

Lorsque la révolution française éclata, il n'y

avait que six chapelains. Ils jouissaient d'un revenu de 1200 livres chacun.

Un décret de l'Assemblée nationale, du 2 novembre 1789, déclara *que les biens du clergé seraient mis à la disposition de la nation*. Au mois de juillet 1790, un article de la Constitution civile du clergé supprima les chapelles et les chapellenies.

L'abbé Cassiet adressa aux administrateurs du département des Basses-Pyrénées d'éloquentes réclamations en faveur du maintien de Bétharam. Si la congrégation est dissoute, disait-il, comment observer les dernières volontés des bienfaiteurs qui, en se dépouillant de leurs biens temporels, ont cru acquérir un bien spirituel? Comment pouvoir respecter les fondations utiles des Poyanne, des Rébénac, d'Anne d'Autriche, l'auguste compagne du fils de notre Henri? Comment conserver le calvaire, monument précieux d'un des plus grands mystères de la religion?

Bientôt, les plaintes même ne furent plus permises. La révolution supprimait en 1791 cette congrégation utile.

Quelques capucins se réfugièrent à Betharam; mais, au bout de cinq ou six mois, ils prirent la fuite vers l'Espagne. Ils n'y arrivèrent qu'après avoir subi une longue captivité dans le fort de Lourdes.

Le 17 mars 1794, Monestier du Puy-de-Dôme, représentant du peuple, se rendit à Lestelle. Le maire de la commune, Lescun, demanda, au nom des arts, que la chapelle fût conservée. On respecta la façade, mais on profana l'intérieur et on détruisit le calvaire.

Une statue de la Vierge, en marbre blanc, décorait la porte de la dernière station au haut de la colline. Un forcené se donna l'impie plaisir de lui faire tomber la tête. On rapporte que plus tard, frappé de la malédiction de Dieu, il eut lui-même la tête tranchée. « On dit aussi, raconte M. Menjoulet, que de la statue en plomb du Christ à la croix, il s'échappa un *essaim d'abeilles*, tandis que celle du larron endurci ne recélait que des frelons..... De toutes les statues si nombreuses qui ornaient les huit chapelles, il n'y eut que celle du Christ à la colonne

qui échappa aux coups de la hache révolutionnaire. Les débris de toutes les autres furent
entassés dans un char et brûlés le lendemain
sur la place publique de Nay.

La Ste-Vierge semblait toujours protéger Bétharam, même dans les temps les plus désastreux. La paroisse de Lestelle qui, durant l'in-
vasion du calvinisme en Béarn, avait été la seule
où l'on n'eût jamais compté un seul protestant,
resta, pendant les mauvais jours de la révolution,
d'une fidélité inébranlable à Notre-Dame. Les
habitants s'opposèrent à la destruction de la
chapelle. Un propriétaire l'acheta, la conserva
religieusement et la rendit plus tard au diocèse.
Neuf personnes se concertèrent pour faire ensemble l'acquisition du calvaire, qu'ils partagè-
rent en neuf lots. Ils stipulèrent que le sommet
du coteau, les oratoires et le sentier *devaient
rester en commun pour servir aux usages religieux des comparants, à la charge par eux de
pourvoir, à frais communs, à l'entretien des
toitures desdites chapelles.* Cette clause n'est-
elle pas remarquable dans un acte authentique
passé en l'an V de la République ?

Dès 1805, Bétharam fut rendu à la piété des fidèles. Les acquéreurs du calvaire en firent l'abandon gratuit. Parmi les capucins qui, en 1791, s'étaient un instant réfugiés dans cette retraite, il en était un, le P. Joseph, qui avait refusé de fuir en Espagne, après s'être caché pendant la Terreur. Il se montra dès qu'il le put, et s'occupa de relever le sanctuaire vénéré.

M. Menjoulet a vu l'état des collectes et des dépenses de 1803 à 1811. Parmi les bienfaiteurs de cette époque, on remarque un nom auguste, populaire dans nos montagnes, celui de la reine Hortense.

Mgr Loison, évêque de Bayonne, choisit en 1808 Bétharam pour y placer le petit séminaire. Lorsque, en 1833, Mgr d'Arbou put consacrer à son séminaire un établissement plus vaste et plus rapproché de la cité épiscopale, des missionnaires, des prêtres auxiliaires obtinrent la sainte chapelle comme lieu de retraite.

Les prêtres d'aujourd'hui rivalisent avec les chapelains d'autrefois, de piété, de science et de dévouement.

En s'occupant chez eux de l'éducation de la jeunesse, et en allant porter au loin la parole de Dieu, en accueillant les pèlerins, les pénitents toujours nombreux, et en allant au-devant des âmes dans leurs missions populaires, ils rendent de grands services à la religion, sous l'influence bienfaisante et céleste de Notre-Dame de Bétharam.

II

Description de l'église et du calvaire.

Ce qu'on admire le plus à Bétharam, ce ne sont point les bàtiments construits par l'homme, ce sont les beautés pittoresques de la nature. Le Gave, qui s'échappe d'une gorge étroite, et s'élance sous l'arche unique d'un pont hardi, tout tapissé de lierre, semble adoucir le courroux de ses flots en passant près du sanctuaire vénéré. Les monts arides et couverts de neige s'éloignent pour faire place à une colline verdoyante et couverte d'ombrages.

Sur le bord du torrent s'élève un bâtiment assez vaste, mais modeste et sans caractère. La chapelle moderne fut achevée en 1661, et consacrée, la même année, par l'évêque du diocèse. La façade, encadrée entre deux petits pavillons, et surmontée d'un clocher derrière lequel se dresse une flèche, est revêtue de marbre blanc et décorée de quelques pilastres. Dans des niches apparaissent les statues des quatre évangélistes avec leurs animaux symboliques, et celle de la Vierge écrasant du pied le dragon. Ces statues de marbre de Louvie sont attribuées à Ferrère, le père du célèbre avocat, une des gloires du barreau français. Elles ne manquent pas de mérite. « Comme de raison, dit M. Menjoulet, la mieux travaillée est celle de la Vierge-Mère, dont le visage respire une douceur céleste qui fait plus d'honneur encore à la piété qu'au ciseau du sculpteur. On croit que c'est une copie de quelque grand modèle. »

L'intérieur de l'édifice se compose d'une nef et de deux collatéraux. Il y a quatre autels, en y comptant un autel de Notre-Dame de Pitié et des Agonisants, placé à côté de la porte d'entrée. La chapelle, à la droite du grand autel, se nomme la chapelle de la *Pastoure* ou de la Bergère. On y remarque un bas-relief représentant l'apparition merveilleuse, origine de Bétharam. Le maître-autel est couvert d'ornements et de dorures : son rétable s'élève jusqu'à la voûte.

« La voûte principale, dit M. Menjoulet, en
« plein-cintre, mais croisée, est ornée de pen-
« dentifs, peinte en bleu de ciel, parsemée d'é-
« toiles dorées en relief et agréablement sillon-
« née par des arcs qui, réunis d'abord en fais-
« ceaux cinq à cinq, divergent ensuite de tou-
« tes parts. »

Les fenêtres du vaisseau principal, au nombre de huit, sont arrondies par le haut. Ce qui frappe, c'est la profusion des tableaux qui couvrent les murs. Là, sont tous les ancêtres de Notre-Seigneur, depuis Abraham jusqu'à St-Joseph. Ici les principales scènes de la vie cachée et de la vie publique de Jésus-Christ. Là, les Actes des apôtres complètent l'Ancien et le Nouveau Testament. Ailleurs, on voit les quatre évangélistes, les douze apôtres et les principaux faits de l'histoire de Bétharam.

Rien de monumental, rien de curieux au point de vue de l'art ne se fait remarquer dans cette chapelle comme dans celles du moyen-âge; mais elle offre cependant quelque chose de gracieux et de touchant pour les âmes pieuses.

L'église est au pied de la colline du calvaire. Gravissez lentement le sentier : neuf oratoires vous arrêtent pour réveiller dans vos âmes de saintes pensées par l'image des scènes de la Passion. Le premier représente le *Christ au jardin des Oliviers* ;

Le deuxième, la trahison de Judas ;

Le troisième, Jésus au tribunal de Caïphe ;

Le quatrième, Jésus flagellé ;

Le cinquième, Jésus couronné d'épines ;

Le sixième, Jésus condamné à mort ;

Le septième, Jésus portant sa croix ;

Le huitième, le Christ cloué à la croix.

Au sommet de la colline, sur un plateau, sont dressées trois grandes croix de marbre, sans effigie.

En face des trois croix, une chapelle plus vaste que les autres, entourée de chênes et de hêtres, est divisée en trois parties qui représentent la descente de la croix, le saint sépulcre, la résurrection.

Vers le commencement de ce siècle (dit Touton, p. 88), on fit un calvaire selon les projets des premiers fondateurs, à l'instar de celui de Jérusalem, sur la montagne qui est à côté de l'église. Cette pièce achevée attire l'admiration de tous les connaisseurs en sculpture, arrache des larmes à la plupart des fidèles, et touche les cœurs les plus endurcis.

Depuis la Révolution, on voulut restaurer le calvaire presque entièrement dévasté. Les scènes de la Passion furent représentées par des figures peintes et en relief. Ces images grossières, mais terribles, impressionnent vivement les montagnards voisins. Il ne faut pas se dissimuler cependant qu'elles paraissent très grotesques à tous ceux qui ont le sentiment de l'art.

Voilà que des jeunes gens des contrées lointaines, pleins de piété comme les artistes du moyen-âge, s'associèrent pour la restauration artistique des stations de Bétharam.

Un élève de Pradier, un jeune homme de Paris, M. Renoir, entreprit ce travail. Les tableaux se composent de bas-reliefs en plâtre avec des figures de grandeur naturelle. L'homme du peuple regrette de ne plus être saisi par les vives couleurs qui frappaient ses yeux et son imagination. Mais le sculpteur habile a fait une œuvre d'art, et il aurait nui à la finesse des traits par l'application d'une peinture que l'action des brouillards aurait bien vite altérée.

III

Pèlerinages. — Pratiques de dévotion.

Indulgences.

Depuis que la sainte chapelle de Bétharam s'est relevée de ses ruines, elle n'a point cessé d'être le lieu de dévotion le plus fréquenté du Béarn.

Les bienfaiteurs illustres ne lui ont pas manqué; les pèlerins ont continué d'y accourir en foule.

7

Louis XIII avait pour Bétharam une pieuse affection. Dans les lettres patentes octroyées aux chapelains, il s'exprime ainsi : « Nous avons été d'autant plus porté à leur accorder leur demande, que nous sommes assuré de leur bonne vie et doctrine, et que, par leurs exemples et leurs bons enseignements, nos sujets pourront grandement profiter pour l'avancement de leur salut. »

Le roi, pour protéger la sainteté du lieu et *obvier au trouble que la dévotion pourrait recevoir des hôtelleries, tavernes* ou *cabarets,* défend d'en construire hors dans les villages voisins, attendu que la maison de Bétharam *reçoit, loge et exerce toutes sortes d'œuvres de charité et d'hospitalité.*

Ces faveurs sont accordées *à la charge que les prêtres de Bétharam feront des prières pour le roi, pour la reine, sa très chère épouse et compagne, et pour la prospérité de ses Etats.*

Louis XIII fit construire à ses frais, en 1625, la chapelle de St-Louis, et lui légua une somme de 3000 livres.

Louis XIV changea ce legs en une rente perpétuelle de 100 livres, à la charge d'une messe solennelle célébrée tous les ans, le jour de St-Louis, dans la chapelle bâtie par le feu roi de France.

La reine Anne d'Autriche fit encore des largesses à Notre-Dame et fonda six messes annuelles.

Sous l'Empire, la reine Hortense enrichit le sanctuaire de ses dons.

Il y a quelques années, la comtesse de Chambord faisait offrande à Bétharam de sa robe nuptiale.

Le poète Bastide s'écriait : « J'ai vu les grands de la terre se disputer *le bonheur d'embellir ce saint lieu.* »

Il décrit les vases enrichis d'or et de pierreries offerts par la comtesse Loménie, de Brienne, fille du seigneur de Béon, en Béarn; les dons de Mme de Lauzun, de Mme Claude de Gramont, de la maison de Montmorency, etc. Que de noms illustres ont laissé à Bétharam des souvenirs qui ont quelquefois survécu à leurs familles, comme les Poyanne, les comtes de Rébénac !

C'est là, dans cette terre sainte, que les principaux personnages du pays aimaient à élire leur sépulture. Parmi les tombeaux respectés par le temps et par les révolutions, on remarque encore celui de Bernard de La Vie, premier président du parlement de Navarre.

Jadis, des villes entières, notamment celle de Mont-de-Marsan, envoyèrent des députations de pèlerins jusqu'à Bétharam. Les pèlerinages sont moins nombreux qu'autrefois ; mais, encore de nos jours, le peuple fidèle des vallées n'oublie pas d'accourir dans ces lieux, surtout à la fête de la Vierge du 8 septembre.

La chapelle est placée à peu de distance de Pau, au seuil des Pyrénées. La ville d'Henri IV avec son doux et bienfaisant climat, et les montagnes de Béarn et de Bigorre avec leurs eaux thermales renommées, attirent dans nos contrées un grand nombre d'étrangers, qui viennent, de toutes les parties du monde, chercher ici le repos et la santé. C'est surtout la souffrance du corps qui réveille dans l'âme la pensée d'un monde meilleur. A côté des remèdes offerts par la science humaine, quand on tremble pour ceux qui nous sont chers, il est naturel de chercher aussi les remèdes qui ne peuvent venir que d'en haut. Chaque jour on voit à Bétharam des personnes pieuses s'agenouiller dans la chapelle au pied de l'image de Marie, gravir dévotement le calvaire, implorant quelque adoucissement à toutes les infirmités physiques et morales dont la vie est assiégée.

La maison des prêtres est un asile saint où les pasteurs des âmes aiment souvent à se recueillir dans la retraite et la prière. Dernièrement, un prélat béarnais, aussi éminent par ses vertus que par les hautes qualités de son esprit, Mgr de Salinis, recevait à Bétharam les insignes de la dignité archiépiscopale. Naguère encore, un pieux et éloquent prélat, enfant des Basses-Pyrénées, Mgr Hiraboure, se préparait dans cette solitude à la cérémonie du sacre et à l'administration d'un diocèse.

Jadis, on célébrait chaque jour avec une grande solennité la messe et les vêpres. Aujourd'hui, des prêtres sont toujours prêts à recevoir les confessions des étrangers. Souvent des chrétiens, timides encore contre le préjugé humain, viennent cacher ici des actes de piété avec autant de mystère que s'ils commettaient des actes dont ils auraient à rougir.

Le Pape Pie IX, en vertu d'un indult daté du 28 mars 1852, a accordé de grandes indulgences à Bétharam.

Le supérieur actuel a personnellement obtenu la concession des indulgences attachées à l'autel privilégié pour trois messes par semaine.

Les membres du *Sacré-Cœur* jouissent de l'indulgence plénière le jour de leur admission, à l'article de la mort, à la fête du Sacré-Cœur, et aux quatre fêtes désignées par l'ordinaire. Ils jouissent encore d'une indulgence de cent jours pour toute œuvre de véritable piété.

Enfin, tous les fidèles qui, après s'être confessés d'un cœur contrit, y auront reçu le sacrement de l'Eucharistie, gagneront une indulgence plénière. La même indulgence est accordée à tous les fidèles qui auront assisté au moins cinq fois à une mission ou à des exercices spirituels donnés par les missionnaires de Bétharam, et qui, après s'être confessés et avoir communié, auront pieusement prié dans les intentions de N. S. P. le pape Pie IX.

Il y a une indulgence partielle de cent jours pour ceux qui auront assisté à un exercice du matin dans les missions ou retraites spirituelles des prêtres de Bétharam.

IV

Miracles.

Marca, dans son *Traité des merveilles de Bétharam*, raconte les plus étonnants miracles opérés dans ce sanctuaire par l'intercession de la Vierge. Il serait trop long d'énumérer tous les faits merveilleux qu'il rapporte. Je n'en citerai que quelques-uns, les plus avérés, ceux dont l'historien lui-même a été le contemporain.

Jeanne de Mireville, Béarnaise, mariée à Saragosse, avait une petite fille, âgée de quatre ans, qui ne pouvait se tenir sur ses pieds. Elle fit vœu de visiter la chapelle de Bétharram. Elle s'y rendit le 5 septembre 1631. Pendant qu'elle priait la Ste-Vierge, voilà que l'enfant s'écrie : *Ay mi senora, mi pecadora!* et, s'élançant tout-à-coup des bras de sa mère, elle court baiser l'autel, au grand étonnement de Charpentier et de plusieurs prêtres témoins de ce miracle.

Jeanne de Lascrambes, du village de Montaut, était percluse de tous ses membres depuis dix mois. Après avoir eu vainement recours à tous les remèdes humains, elle implore la Vierge, se traîne en faisant des efforts inouïs jusqu'à Bétharam, fait sa confession et passe la nuit en prières. Le lendemain, elle s'en retourne chez elle, marchant sans peine ; et sa guérison, peu de jours après, était complète. Béquel, chapelain, et plusieurs témoins oculaires attestèrent ce miracle.

M. de Cazaux, conseiller au parlement de Navarre, élevé dans le calvinisme, et, plus tard, converti à la vraie religion, avait peine à accepter toutes les merveilles attribuées à Notre-Dame de Bétharam. Voilà que son fils aîné vint à perdre complètement l'usage de l'œil droit. Sa femme, mère pieuse et dévouée, décide enfin M. de Cazaux à vouer leur enfant aux prières de la Vierge. Ils arrivent dans cette intention à Bétharram au mois d'octobre 1625. Après avoir suivi toutes les pratiques de dévotion en usage dans ce saint lieu, ils se retiraient le lendemain lorsque, à peine arrivés à la ville de Nay, ils apprirent d'un messager que l'enfant avait recouvré la vue. Plus tard, se trouvant à Bordeaux en 1637, leur fils tomba dangereusement malade. M. et Mme de Cazaux firent vœu, si Dieu lui rendait la santé, de le conduire à Bétharam pour y faire sa première communion. L'enfant guérit ; mais les parents, occupés à leurs affaires, oublièrent d'accomplir le vœu. Une seconde maladie, en 1638, mit l'enfant aux portes du tombeau. Pendant qu'on songeait déjà aux préparatifs des funérailles, la mère, en larmes, adresse ses prières à Notre-Dame, avec promesse d'acquitter l'ancien vœu, ainsi qu'un autre qu'elle y ajoutait encore. L'enfant fut merveilleusement rétabli, et les parents effectuèrent leur promesse.

Marca cite un grand nombre de personnes qui, en présence de témoins, et la main sur les saints évangiles, ont juré qu'elles avaient merveilleusement recouvré la vue en faisant des vœux à Notre-Dame de Bétharam.

Il produit des attestations de médecin, constatant qu'une femme hydropique, nommée Rose de Castets, et la demoiselle de la Fourcade, atteinte d'une hémorrhagie jugée mortelle, avaient été miraculeusement guéries par l'intervention de la Vierge de Bétharam.

M. de Moncins, conseiller au parlement de Bordeaux, doué de toutes les qualités qui rendent recommandable un homme de sa profession, fut atteint d'un gros charbon noir sur les reins. Le mal était rebelle à tous les secours de l'art. Il s'adressa à Notre-Dame de Bétharam et pria Charpentier lui-même de célébrer la messe dans sa chapelle particulière. Après que le malade eut prié et communié, il fit examiner sa plaie, et les médecins, surpris, reconnurent

qu'elle se trouva tout-à-coup en voie de guérison, sans qu'ils pussent s'expliquer cette cure
que par un miracle. Cette déclaration fut d'autant plus remarquable, que les médecins étaient
protestants, et qu'ils ignoraient le vœu qui avait
été fait.

M. de La Roche, conseiller au parlement de
Bordeaux, avait un fils qu'il aimait tendrement.
Il eut la douleur de le voir atteint d'une maladie
tellement grave que les médecins perdaient tout
espoir de le sauver. Le père désolé fit vœu d'offrir
son fils à Dieu et à Notre-Dame de Bétharam, pour
y servir une année. L'enfant fut aussitôt guéri,
et se rendit à Bétharam, en 1626, pour accomplir la promesse paternelle. Depuis cette époque,
il a joui d'une santé parfaite, et il a pris dans le
monde la position qui convenait à sa naissance
et à son mérite.

Vers le même temps, M. de Faïard, conseiller à la même Cour, eut également le bonheur
d'obtenir la guérison inespérée de son fils aîné,
grâce à un vœu fait à Notre-Dame de Bétharam.

Nous ne rapporterons pas tous les récits appuyés de témoignages authentiques que cite Marca. Que de personnes privées de la raison et qui la recouvrent par l'intercession de Notre-Dame, touchée des prières des familles désolées, ou de celles des malades eux-mêmes dans des moments lucides ! Que de malheureux perclus qui se sont retirés étonnés de marcher, après avoir suspendu leurs béquilles comme des ex-voto aux murs de la chapelle ! Que de fois Notre-Dame de Bétharam sauva aussi ceux qui l'invoquaient au milieu des périls !

Au mois de juin 1637, Pierre Lamotte, de St-Girons, se retirait de Bétharam, lorsque son cheval le jeta dans la rivière, en ce moment grossie par les pluies et débordée. Il disparut dans les flots. On aperçut seulement un instant au-dessus des eaux ses deux mains jointes : il priait. Une heure et demie s'écoula avant qu'on pût le saisir et le conduire au rivage. Le corps semblait inanimé, mais bientôt il fut rappelé à la vie, et le jeune homme s'empressa de remercier la Vierge à laquelle il avait fait un vœu qu'elle lui permit de remplir.

Pierre Sacaze, de Bruges, et Jacques Lixandre, de Bétharam, furent sauvés merveilleusement par l'intercession de Notre-Dame, après être tombés dans un gouffre du Gave.

Au milieu des combats, les Béarnais s'adressaient à Notre-Dame. Fortassi de Thèze, en Béarn, guerroyant en Allemagne, vit un jour tous ses camarades taillés en pièces. Il se voue à Notre-Dame de Bétharam et de Garaison, et, par un bonheur providentiel, il lui est permis de sauver sa vie et de venir rendre grâces à la Ste-Vierge, le 14 juillet 1634.

Voici encore les termes d'un certificat signé par le sieur de Soissons, prieur de Labrit :

« Le dimanche 9ᵉ jour de décembre de 1629, je me suis trouvé dans la ville d'Aire assailli de quatre cents hommes ou environ, lesquels avaient résolu de me tuer, et voulaient écheler les murailles et enfoncer la porte du logis de Mgr l'évêque d'Aire, dans lequel j'étais. Me voyant en telle extrémité, je fis vœu à la Vierge, et promis que si je pouvais échapper du danger, je me transporterais incontinent au lieu de

Bétharam pour la remercier. Ce que j'ai accompli, y étant obligé pour avoir été délivré d'un si grand danger. Car à l'instant que j'eus fait ce vœu, toute cette assemblée de peuple se retira sans l'entremise de personne, et je me trouvai hors de danger. En foi de quoi, je me suis signé. Fait audit Bétharam, le 13 décembre 1629. — H. Soissons. »

Souvent le Seigneur, dans sa colère, envoie des fléaux au milieu des hommes pour les prévenir de leur faiblesse et de la fragilité de la vie.

C'est surtout dans les moments de calamité publique que Notre-Dame de Bétharam était invoquée, et que son autel s'enrichissait de précieuses offrandes envoyées de toutes parts.

M. de Lom, conseiller au parlement de Toulouse, fut atteint, au mois d'août et au mois de septembre 1628, des symptômes de la peste qui faisait autour de lui de grands ravages. Le 25 octobre, il se rendit à Bétharam pour accomplir son vœu à la Vierge, à laquelle il attribuait la préservation merveilleuse de sa vie.

La peste qui désola nos contrées *s'alluma,*

dit Marca, *au milieu de l'agréable ville de Mont-de-Marsan, qui sert d'étape au commerce du grain et du vin d'Armagnac, qu'elle communiquait à la ville de Bayonne par le cours de ses deux petites rivières, la Douze et la Midouze, qui joignent leurs eaux au-dessous des murs de la ville.*

La communauté entière de la ville de Mont-de-Marsan fit, par délibération publique, un vœu à Notre-Dame de Bétharam. On décida que quarante messes seraient offertes dans cette chapelle, *et qu'on y dresserait quelque marque du secours que la ville aurait reçu en un péril si extrême.* La prière fut exaucée et le vœu accompli. L'ermitage de St-Roch fut achevé par les dons de Mont-de-Marsan, et les armes de la ville décorèrent cet oratoire, comme un témoignage de la reconnaissance des habitants des Landes.

Ce serait aborder un sujet inépuisable que d'entreprendre de redire toutes les célestes consolations versées au sein des âmes pieuses par l'intercession de Notre-Dame de Bétharam !

BIBLIOGRAPHIE.

1° *Traité des merveilles opérées en la chapelle Notre-Dame de Beth-aram*, par P. de Marca, conseiller ordinaire du roi en ses conseils, président en la cour du parlement de Navarre, visiteur général en Catalogne, et nommé à l'évêché de Couserans.

3ᵉ édition, Pau, sans date, in-12 de 351 pages. La 2ᵉ était de 1648, et la 1ʳᵉ de 1646.

2° *Carmen topographicum et historicum de Virgine deiparâ, quæ Betharami in Bearniâ colitur*, authore Petro Bastidœo Tausiano, sacerdote ac doctore theologo. — 1667.

3° *Histoire de la fondation de la chapelle de Notre-Dame de Bétharam*, par Touton, chapelain de Bétharam. — Tarbes, nouvelle édition, 1788.

4° *Chronique de Notre-Dame du calvaire de Bétharam*, excellente monographie par M. l'abbé Menjoulet, archiprêtre d'Oloron. Pau, 1843, in-18, de 238 pages.

5° Guide du pèlerin à Notre-Dame de Bétharam, par M. l'abbé F. Rossigneux. — Pau, in-32, 1855.

J'ai trouvé à la bibliothèque impériale, département des Estampes, une gravure du temps de Louis XIII, par *Michel Lasne, graveur public*, représentant Bétharam. Elle a pour titre :

« Le portrait de la montagne de Notre-Dame de
« Bétharam en pays de Béarn, dicte à présent du cal-
« vaire, préposée à l'exaltation du mystère de notre
« Rédemption et de la croix qui en a été l'instru-
« ment. »

NOTRE-DAME

DE POEYLAHUN.

NOTRE-DAME DE POEYLAHUN.

La vallée d'Azun est une des moins connues et
cependant l'une des plus pittoresques des Pyrénées. Elle commence à Argelés et touche aux frontières de l'Espagne. Pour y arriver, il faut gravir
une montagne d'un accès difficile ; puis, sur la
hauteur, se déploie un double vallon séparé au
milieu par de profonds abîmes où le Gave roule
en grondant.

Ces lieux, encore solitaires, et qu'il faut aller
chercher, n'attendent pour jouir de toute leur
renommée, que la création d'une route qui
relie les eaux thermales les plus fréquentées de

Béarn aux eaux thermales les plus célèbres de Bigorre. Sur le bord du sentier qui conduit à ces hautes régions, on remarque un gouffre nommé le *Saut du procureur*. C'est un souvenir de l'indépendance des communautés d'Azun. Elles étaient soumises aux comtes de Bigorre ; mais malheur à celui qui voulait porter atteinte à leurs priviléges ! Elles se faisaient justice à elles-mêmes, et le procureur comtal fut plus d'une fois précipité d'un rocher plus haut que la roche tarpeïenne.

Deux monuments s'élevaient dans le val d'Azun : l'un à l'entrée, c'était un château-fort pour défendre le pays ; l'autre à l'extrémité, c'était une simple chapelle pour attirer sur la contrée les bénédictions de la Mère de Dieu.

Le vieux château d'Arras est aujourd'hui tombé, et il ne se relèvera plus de ses ruines. Ses jours de gloire sont passés. L'illustre famille de ses derniers commandants vient de disparaître dans la misère. A peine quelques lignes de l'histoire locale sont-elles consacrées à la mémoire des guerriers d'Azun qui défendirent la frontière contre les Maures et les Aragonais, et qui délivrèrent la patrie du joug de l'Angleterre. Combien de héros restés inconnus auraient illustré leurs noms, s'ils avaient déployé sur un plus grand théâtre ce qu'ils ont montré de courage dans les combats de la petite vallée !

L'antique chapelle d'Arrens, au contraire, est toujours debout, toujours vénérée, toujours l'objet de pieux pèlerinages qu'attire, depuis des siècles, la sainte image de Notre-Dame de Poeylahun.

J'aurais voulu redire les mœurs inconnues de la vallée, mœurs pittoresques comme le pays lui-même. Dans ce recoin des montagnes, ceux qui sont riches le sont si peu, que la distinction entre les riches et les pauvres existe à peine parmi ce peuple pasteur. Jadis, chaque communauté se gouvernait presque en famille, et je regrette que mon sujet ne me permette pas de raconter ici les règlements locaux et les anciens usages.

Le trop fameux Barère, qui avait son château

à Vieuzac, presque à l'entrée d'Azun, se souvenait-il des vieilles franchises de la contrée, lorsqu'il écrivait une dissertation restée inachevée et qui avait pour titre : *La France plus libre sous le despotisme que sous la liberté ?*

Dans les temps reculés, les habitants d'Azun étaient presque sauvages et en dehors de toute civilisation. Mais il est des hommes que n'effrayèrent jamais ni les fatigues du chemin, ni les périls du voyage, ni la barbarie des peuplades abandonnées : ce sont les ouvriers de l'Evangile. La tradition redit les noms des Saints qui, les premiers, vinrent apporter dans ces déserts les lumières et les bienfaits de la religion du Christ. On aime à raconter la curieuse légende de St-Bertrand de Comminge. La mémoire de son passage vit toujours dans le cœur des montagnards. De temps immémorial, ils s'étaient obligés à porter chaque année sur son tombeau, comme redevance, le beurre que pouvaient produire, la veille de la Pentecôte, tous les troupeaux des six communautés de la vallée. A la fin du xviime siècle, leur piété ne s'était pas refroidie, mais elle devint plus exigeante. Elle réclama et obtint, pour prix du tribut annuel, une relique du Saint qui fut délivrée à la cathédrale du Comminge, et recueillie par les habitants d'Azun avec une grande pompe religieuse.

Au fond du vallon, se détachant d'un cadre de monts sublimes, s'élevait un mamelon gracieux, semblable à un piédestal dressé par la nature.

Les ancêtres du pays- songèrent à tailler ce roc isolé pour y asseoir une chapelle dédiée à la Ste-Vierge.

Ce pieux monument attire de loin les regards. Debout sur une éminence, qui semble séparer les routes qui conduisent vers le sud au village de Sailhen, en Espagne, et, vers le nord-ouest, aux Eaux-Bonnes, en Béarn, il domine d'un côté toute plaine, et, de l'autre, il est environné par le Pic Rouge, le Pic de Midi d'Arrens, le Pic d'Arrieugrand et les plus majestueuses montagnes.

A quelle époque remonte l'origine de la chapelle primitive? La tradition même a oublié cette date. Du reste, le sanctuaire moderne a perdu tout son caractère ; et sans doute il a dû être plusieurs fois refait presque en entier. Les Azunais étaient trop pauvres pour bâtir de grands édifices, et d'ailleurs, dans ces régions élevées des Pyrénées, la rigueur des saisons conspirait avec le temps pour dégrader et détruire les constructions de l'homme.

La chapelle actuelle est du style de la renaissance. Un dôme, qui couvre tout le chœur, la couronne à l'orient, tandis qu'à l'occident s'élève une tour carrée qui sert de clocher. La porte septentrionale est ornée d'un beau porche soutenu par quatre colonnes en marbre.

Ce porche est moderne. Le chœur et la sacristie sont aussi de construction assez récente. Les parties les plus anciennes sont évidemment la nef et les chapelles des deux extrémités du transept.

La nef, formée par quatre arcs doubleaux plein-cintre, est de 3ᵐ 40 c. de hauteur de pied droit seulement sur 10ᵐ 15 c. de diamètre. Les espaces compris entre les arcs doubleaux sont voutés en charpente, et ces voûtes sont faites par divers arcs en ogive se terminant en une clé pendante au milieu de chaque travée. Les nervures et les culs-de-lampe des clés pendantes sont dorés ; les panneaux sont peints en bleu.

Les nervures de la voûte de l'abside, ainsi que les boutons et rosaces qui les raccordent, sont encore dorées.

Le comble de la nef est à deux versants très rapides ; celui du sanctuaire, beaucoup moins ancien, est couronné par une lanterne.

Ce qui frappe en entrant dans la chapelle et ce qui la rend très remarquable, c'est l'aire qui n'a été faite ni avec du bois ni avec de la pierre, mais qui a été taillée sur le roc même, avec un grand soin et en forme d'amphithéâtre, afin de permettre aux personnes qui sont à l'extrémité de l'église de voir plus facilement l'autel. Deux rangs de tribunes sont élevées autour de la nef : elles sont destinées aux hommes qui, dans les églises de Bigorre, ne se mêlaient jamais avec les femmes. Cet usage existe encore dans les villages.

En songeant à la pauvreté inouïe des habitants de la vallée, on s'étonne de trouver la chapelle si riche de dorures. Colonnes, sculptures, statues, tout est brillant d'or.

La partie la plus ancienne (les deux autels latéraux), est celle qui est décorée avec le meilleur goût. Les rétables, les ornements sont d'un dessin assez pur. Une magnifique grille en fer, des statues, notamment deux adorateurs et divers objets précieux qu'on pouvait facilement enlever, disparurent pendant les mauvais jours de 1793. Sous les combles on retrouve des débris de sculptures sur bois doré qu'il serait peut-être possible de restaurer et de replacer encore.

Ces richesses, qu'un instant de vandalisme révolutionnaire a suffi pour disperser et détruire, avaient été accumulées par la piété des siècles. Notre-Dame de Poeylahun avait au loin la réputation de répandre ses grâces dans ce lieu béni du ciel. Les habitants de la vallée s'adressaient à elle dans tous les événements de la vie, et lui apportaient leurs dons et leurs prières.

Les étrangers, attirés par le voisinage des

Eaux thermales, sentaient en présence de ces montagnes, œuvre imposante de Dieu, se réveiller dans le cœur de pieuses pensées, et, en demandant à la Ste-Vierge la santé de quelque personne chérie, ils laissaient sur son autel de riches offrandes.

Il vint un temps à jamais déplorable où la religion de nos pères fut proscrite, où le temple de la prière fut condamné au silence et à l'abandon. Les habitants d'Arrens ne comprenaient guère ce que la philosophie du jour et la liberté révolutionnaire leur donnaient en échange des saintes consolations de la foi et des franchises anciennes du pays. Les patriotes de 1793 lui envoyèrent l'ordre de renverser la Vierge de Poeylahun. Malgré cet ordre, la statue resta debout. Des émissaires étrangers se chargèrent d'aller la mettre en pièces. Ils arrivent, et l'alarme les devance. Ils pénètrent dans la chapelle en proférant d'horribles blasphèmes. Bientôt cependant ils deviennent plus sérieux et finissent par se taire... Leur audace impie a fait place à un indicible effroi. Ils entendent de toutes parts des voix terribles tombant du haut de la voûte, comme du ciel même, pour leur reprocher leur sacrilége. Des bruits étranges se mêlent à des vociférations bizarres ; des spectres, des fantômes apparaissent...

Ces braves patriotes cèdent alors à la frayeur qui s'empare d'eux. Ils fuient, et l'image de la patronne du pays échappe à leur fureur impie.

Ces apparitions n'avaient rien de surnaturel. Ce n'était pas un miracle : c'était un stratagème employé par les Azunais pour épouvanter les démolisseurs. L'artifice était grossier, mais il réussit. N'arrive-t-il pas souvent que les esprits forts, qui ne croient pas à Dieu, sont assez faibles pour croire aux revenants, aux sorciers et aux plus absurdes superstitions ?

Tel est le récit que j'ai recueilli moi-même à Arrens. Les vieillards du pays aiment à le rapporter. Le fait, en passant par des bouches diverses, peut varier dans les détails, mais au fond il est toujours le même. La révolution changea la chapelle en caserne. Un poste, chargé de défendre la frontière, y fut placé. Le sanctuaire de la Vierge, transformé en corps de garde, éprouva d'inévitables dégradations.

Lorsque tout danger fut dissipé du côté de l'Espagne, les soldats furent rappelés. Cette propriété nationale n'ayant plus d'emploi, on décida qu'elle serait vendue. Deux ou trois citoyens d'Argelés, voulurent tenter l'entreprise de démolir l'église, afin de spéculer sur le produit des matériaux. Ils se rendirent sur les lieux pour tout examiner. Le projet fut connu. Une irritation profonde se manifesta dans les esprits. Les spéculateurs durent prendre la fuite, chassés et poursuivis à coups de pierres par les femmes d'Arrens auxquelles prêtaient main-forte des Espagnoles pleines de zèle *por la Sanctissima Virgen purissima.*

Depuis, une pieuse veuve d'Arrens fit l'acquisition, pour la somme de 15 à 1600 fr., de la chapelle de Poeylahun. C'est ainsi que, par le sacrifice d'une somme considérable pour elle, sa dévotion mettait ce lieu saint à l'abri de toute profanation. En mourant, elle transmit cette propriété à un de ses parents, à un prêtre nommé

Michel Pome, qui attendit des jours meilleurs, avant d'obtenir le pouvoir d'y célébrer lui-même les saints offices.

Le temps, l'abandon, le peu de ressources du propriétaire faisaient craindre que l'édifice ne tombât bientôt en ruines.

Un jour, la reine Hortense vint visiter les Pyrénées où son passage a laissé des traces ineffaçables. Son cœur de mère saignait encore de la perte récente d'un fils aîné, prince royal de Hollande. A l'aspect du village d'Arrens, elle s'arrêta charmée, et prit elle-même un dessin de ce beau paysage. Elle visita Notre-Dame, et cette chapelle délaissée au milieu d'un site pittoresque, l'intéressa :

« Après la perte d'un objet cher (c'est elle-
« même qui parle), qui n'a pas éprouvé une
« émotion profonde en entrant dans une église !
« C'est là que l'homme est conduit en naissant,
« c'est là qu'il prend les engagements les plus
« sacrés, et c'est là que l'on dit pour lui la der-
» nière prière. Le monde l'oublie après ; mais
« une mère n'oublie rien. Tout vient rappeler

« à son cœur les diverses émotions qui l'ont
« agité, et tout accroît ses regrets et sa dou-
« leur. »

Sensible aux vœux de la vallée, elle voulut
que ce sanctuaire fût rendu à la piété des fidèles ;
et, recommandant sa famille à la Vierge de
Poeylahun, elle fonda une messe pour l'anniver-
saire de la mort de son premier enfant.

Le 5 mai 1808, cette cérémonie fut célébrée
avec toute la pompe possible, et il fut rédigé à
Arrens procès-verbal constatant le souvenir de
cette solennité qui avait attiré la garde nationale
du canton et les autorités du département.

Peu de temps auparavant, on avait appris la
nouvelle de la naissance de Louis Napoléon, aujourd'hui Empereur des Français, et cette nouvelle avait été accueillie avec une grande joie.

J'ai retrouvé et je possède une lettre qu'a-
dressait à la reine Hortense, l'abbé Pome, propriétaire et chapelain de Poeylahun, on y lit :

« Je m'empresse d'instruire Sa Majesté que,

« conformément à ses désirs, il a été célébré,
« avec toute la pompe que les localités ont pu
« nous permettre, une solennité dans l'église de
« Poeylahun le 5 mai du courant. Ce jour, qui
« devait être pour nous un jour de deuil, en
« nous rappelant le souvenir d'un prince destiné
« à être le successeur du grand Napoléon, est
« devenu un jour de joie et de réjouissance par
« la naissance *d'un nouveau prince, qui, conçu*
« *dans nos montagnes, et, si j'ose le dire, par*
« *la protection de la Vierge, a essuyé nos lar-*
« *mes, ranimé notre courage, et est devenu*
« *l'objet de nos espérances les plus flatteuses...*
« Dans un banquet civique, des toasts ont été
« portés à LL. MM. l'Empereur et l'Impératrice
« des Français, à LL. MM. le Roi et la Reine de
« Hollande, *au jeune prince,* à M. le préfet, à
« M. le sous-préfet, à M. le prieur et à tous
« ceux qui avaient contribué à l'ouverture du
« temple de Poeylahun. »

Plus tard, lorsque des jours d'exil et de tristesse eurent succédé à des jours de grandeur et
de gloire, la reine Hortense conserva toujours,

quoique bien loin des Pyrénées, un souvenir de Notre-Dame de Poeylahun. Elle en parle d'une manière touchante dans le récit qu'elle publia d'un voyage *incognito* en France (1). Elle se plaignait, dans ce livre qui parut en 1834, de l'abandon où le gouvernement laissait ce pieux monument. Ses vœux semblèrent avoir été entendus. Une ordonnance royale, à la date du 21 mars 1836, accepta le don de la chapelle en faveur de la fabrique d'Arrens, et l'institua chapelle de Secours, avec la faculté d'y célébrer les cérémonies du culte. Dernièrement, la fabrique l'a cédée à l'évêque de Tarbes. Mgr Laurence, qui s'occupe avec tant de zèle de renouer toutes les traditions pieuses du pays, a érigé ce sanctuaire en église diocésaine ; il y a même ajouté un établissement destiné à servir de retraite aux prêtres missionnaires.

Notre-Dame de Poeylahun, malgré les vicissitudes des temps, est toujours la protectrice de la vallée ; elle est toujours entourée de vénéra-

---

(1) La reine Hortense en Italie, en France et en Angleterre, en 1831. — Paris, 1834, p. 223.

tion, et, chaque année, aux fêtes du 15 août et du 8 septembre, elle est visitée par une affluence considérable de pèlerins.

BIBLIOGRAPHIE.

Il n'existe, que je sache, aucune notice sur Notre-Dame de Pocylahun, et je n'ai pu retrouver aucune trace de ses anciennes archives.

NOTRE-DAME

DE HÉAS.

NOTRE-DAME DE HÉAS.

Au milieu des plus belles montagnes des Hautes-Pyrénées, dans le voisinage de St-Sauveur et de Barèges, en face du cirque de Troumousse et non loin de celui de Gavarnie, se cache un vallon triste et désolé. On ne peut y parvenir que par d'étroits sentiers suspendus sur le bord de précipices qui effrayent, ou sur le flanc de montagnes qui s'éboulent. Là s'élève, dans une sauvage solitude, une chapelle construite en forme de croix grecque et surmontée d'un dôme. Le portail est orné d'une statue en marbre blanc de la **Ste-Vierge**, de Notre-Dame de Héas.

Cet édifice en a remplacé un autre qui remontait à des temps très reculés et dont l'origine s'est perdue dans la mémoire des hommes.

Il a, comme la plupart des sanctuaires renommés par d'antiques miracles, sa légende populaire.

On raconte que la mère de Dieu apparut un soir à des pauvres bergers sur le rocher *de la Raillé*, qu'on montre aux voyageurs. Ces bergers voulurent lui bâtir un temple. Mais, dans ces déserts éloignés de toute habitation, comment nourrir les ouvriers? Les maçons néanmoins se mirent à l'œuvre, et chaque jour trois chèvres mystérieuses descendaient des nuages qui couvrent les pics voisins et venaient leur apporter un lait délicieux.

D'après quelques manuscrits inédits, voici quelle serait la cause de cette fondation :

La famille d'Estrade, d'Esquièze, près de Luz, possédait, dans la vallée de Troumousse, de riches pâturages arrosés par des gaves et par l'Aquila, torrent qui se précipite du mont des Aiguillons. De nombreux bergers y conduisaient leurs troupeaux dès que la neige avait quitté les montagnes. Un abbé d'Estrade, souffrant de voir, durant six mois de l'année, tous les pâtres privés de secours religieux, conçut le projet, avec un de ses amis, l'abbé de Montblanc, de bâtir une chapelle où la population pastorale et nomade répandue dans les hautes régions pût assister à la célébration des saints mystères. Cette chapelle fut consacrée à Notre-Dame de *Héas,* du bon pâturage (1).

Au sud de ce sanctuaire, il en existait, dans ce temps-là, une autre sur le versant espagnol d'une montagne couverte de pins, et dédiée à Notre-Dame de *Pinède* ou des Pins. L'image sainte de la madone d'Espagne était renommée et attirait de nombreux pèlerins. Les pâtres de Héas voulurent s'en emparer, comme si la piété pouvait justifier le vol. Les pâtres de Pinède s'émurent de cette soustraction; ils coururent à la recherche de l'image enlevée, et ils la reprirent à nos bergers que la fatigue, dit-on, avait endormis.

(1) *Hé*, veut dire *foin*, dans la langue du pays.

La chapelle de Héas fut dotée par l'abbé d'Estrade et l'abbé de Montblanc. Elle jouissait encore, au moment où la révolution éclata, d'une rente de 600 livres constituée par les deux abbés. Il n'est pas probable qu'ils aient été, à proprement parler, les fondateurs de ce sanctuaire. Ils ont dû seulement le rebâtir. Mais il existait avant eux : car, il était déjà célèbre au moyen-âge. Malgré la rareté des chartes relatives à cette chapelle isolée, on a encore un acte public du 27 septembre 1415, conservé dans les registres de Me Couffitte, notaire à Luz, qui constate le don d'une redevance annuelle consentie en faveur de la maison de Notre-Dame de Héas. Un prieuré s'établit à Héas. Le prieur était nommé par le seigneur de Montblanc.

Les bergers qui se rendaient en foule au sanctuaire de Marie, y apportaient des brebis ou quelques produits de leurs troupeaux ; ces modestes offrandes se nommaient *gadès*. La tradition, perpétuée d'âge en âge jusqu'à nos jours, raconte seule les miracles obtenus dans ces lieux par l'intercession de Marie. Les pèlerins accourent encore de bien loin à la sainte chapelle, surtout le 8 septembre jour de la naissance de la Vierge, et le 15 août, jour de son Assomption.

Pendant l'hiver, rien de morne comme cette solitude immense dont le silence n'est troublé que par le bruit des avalanches!

A peine quelques pâtres des environs osent-ils rester dans leurs chaumières presque enfouies dans les neiges.

Un prêtre qui, dans le dernier siècle avait le courage d'aller le dimanche célébrer la messe à Héas, disait à M. de St-Amand : « Le croiriez-vous? il m'est arrivé plus d'une fois en me retournant au *Dominus vobiscum*, de ne voir que des ours, des loups ou des isards en station à la porte de ma chapelle. »

Pendant la belle saison, quel changement de tableau! Les monts voisins secouant les glaces et les frimats se parent de verdure ; les pâturages se couvrent de troupeaux ; les cabanes longtemps abandonnées se repeuplent d'habitants. Ce n'est pas seulement les chants des bergers, les canti-ques des pèlerins qui retentissent dans ces lieux;

ils sont animés encore par les visites incessante
des voyageurs, que la piété ou la curiosité
attire des établissements thermaux de St-Sau
veur et de Barèges.

La philosophie railleuse du dernier siècle nou
a laissé des descriptions plus spirituelles qu'édi
fiantes des pèlerinages de Héas.

Sans doute parmi les habitants peu éclairé
des hautes montagnes, des idées de superstitior
ont pu se mêler à des sentiments pieux ; sans
doute, il est permis de se figurer des scène
étranges dans cette foule prodigieuse accourue
pour un jour au sein de cette solitude ; mais
combien de larmes a séché la bonne Vierge de
Héas, lorsque le pâtre, agenouillé au pied de son
image, lui confessait les souffrances de son âme,
et s'en retournait consolé par la pensée que la
reine des cieux veillerait sur sa cabane et prierait
Dieu pour lui !

La Révolution ne songea pas à détruire ce
sanctuaire caché dans le désert.

Un jour, des soldats bivouaquaient autour de
la chapelle. Un d'eux, esprit fort, se moquait

du respect superstitieux de ses camarades pour la Vierge. Prenant son fusil, il fait feu sur l'image vénérée.

Quelques heures après, les Espagnols attaquaient les Français, et une balle ennemie, venue d'une distance prodigieuse, frappait le soldat impie à l'endroit du corps correspondant à la partie de la statue qu'il avait atteinte (1). Il périt; on indique encore la place où il a succombé, et le lieu d'où partit le plomb vengeur.

Pendant longtemps, le service religieux ne fut pas régulièrement organisé dans cette chapelle lointaine, et cependant les fidèles ne cessaient d'y accourir. L'évêque actuel de Tarbes, Mgr Laurence, a acquis la chapelle pour l'administration diocésaine. Deux missionnaires de Garaison viennent prêter le secours de leur divin ministère aux nombreux pèlerins que la dévotion à Marie ne cesse d'attirer aux fêtes qui lui sont consacrées.

(1) Plusieurs faits analogues sont racontés dans l'ouvrage que nous avons déjà cité *Chronicon SS. Deiparæ Virginis Mariæ.*

BIBLIOGRAPHIE.

Il n'existe aucune notice historique ni aucun manuscrit sur Héas. On n'a pu retrouver les archives de la chapelle.

NOTRE-DAME

DE BOURISP.

10

NOTRE-DAME DE BOURISP.

I

Le culte de la Vierge dans la vallée d'Aure. — Origine de Notre-Dame de Bourisp. — Importance de cette église. — Priviléges concédés par les Papes.

La vallée d'Aure n'a pas été dotée, comme les vallées voisines, de sources thermales renommées ; elle n'est pas là plus visitée, mais elle n'est pas la moins belle des Pyrénées. Elle dépendait jadis du diocèse de Comminge ; elle fait aujourd'hui partie de celui de Tarbes.

C'est souvent dans les contrées les plus reti-
rées que les vieux édifices, comme les vieilles
mœurs, se conservent le mieux. Dans la plupart
des villages d'Aure, on remarque des chapelles
presque toutes romanes, dignes de l'examen de
l'archéologue. Nous ne parlerons pas ici des
belles églises de St-Exupère d'Arreau, de celle
de Cadéac, de celle d'Azet, de celle de Guchen.

Que de ruines intéressantes comme celles
d'Agos, sollicitent aussi à chaque instant les
rêveries du voyageur pieux !

De nombreux monuments témoignent partout
de la piété des habitants envers la Ste-Vierge.
Partout on remarque le monogramme de Marie
sculpté à côté de celui du Christ.

Presque au seuil de la vallée, à Sarrancolin,
célèbre par son antique prieuré, s'élevait, avant
93, une chapelle dédiée à la Vierge sous le
nom de *Notre-Dame des Plantats.*

A l'entrée d'Arreau, la petite capitale du lieu,
au bord de la route resserrée entre la montagne

et le torrent , un modeste oratoire attire les regards et porte cette inscription :

NOTRE-DAME DU BON RENCONTRE, PRIEZ POUR LES VOYAGEURS.

A peine a-t-on quitté la ville pour pénétrer dans la gorge que l'on voit à l'endroit où le roc a été taillé pour ouvrir un passage à travers la montagne, une arcade cintrée fermée par une grille qui renferme l'image de la Vierge sur son lit de mort, environnée des apôtres nimbés et les pieds chaussés. St-Jean semble la soutenir, tandis que St-Pierre, orné d'une chape avec l'étole, et tenant un livre de la main gauche, la bénit de la main droite avec trois doigts. Au-dessus, dans un médaillon formé de nuages circulaires traversé par des rayons, apparaît l'Assomption de la Vierge dont les pieds reposent sur une tête ailée et qui est accompagnée de quatre anges pour aider son vol vers les cieux. Au pied du lit on aperçoit deux chandeliers avec un vase d'eau bénite ou à parfum.

C'est la chapelle de *Pène Taillade* consacrée

à Notre-Dame de Pitié. Une cartouche de l'arcade porte cette inscription :

O MATER DEI

MEMENTO MEI.

O mère de Dieu, souvenez-vous de moi.

Presque à l'extrémité de la vallée s'élevait à St-Lary (1) l'Eglise de Ste-Marie, du Mont-

(1) Ce nom vient de l'ancien patron de la paroisse St-Hilaire, *St-Hilari* dans la langue du pays. La chapelle avait appartenu aux Templiers et ensuite aux chevaliers de Malte. Le curé de St-Lary prit plus tard le titre de prieur de Ste-Marie. En 1711, un prêtre du village, après avoir restauré à ses frais cet antique édifice, obtint du Pape l'érection d'une confrérie du Mont-Carmel avec indulgence plénière. Vendue comme bien national durant la révolution, la chapelle fut achetée par un habitant de la commune qui, en 1852, l'a cédée gratuitement pour servir d'église paroissiale, à condition que l'on conserverait le style de l'intérieur, les cryptes, et l'autel élevé où l'on monte des deux côtés par neuf marches en pierre.

Les travaux de restauration ont fait découvrir l'an-

Carmel. Dans ce sanctuaire vénéré où l'on admire encore de beaux restes de style roman et des cryptes, uniques dans ces contrées, les Aurois venaient jadis apporter leurs nouveau-nés, afin de leur donner pour patronne, au jour du baptême, la sainte Mère de Dieu.

Deux chapelles dédiées à la vierge, et toujours l'objet des pèlerinages des fidèles, méritent aussi d'être remarquées ; l'une à *Tracherre*, en face du bassin de la Neste ; l'autre à *Meyabat* sur les montagnes qui séparent la France de l'Aragon.

Celui qui voudrait encore, comme un pèlerin du moyen-âge, parcourir ces lieux, et dévotement visiter tous les monuments de la Vierge, devrait s'arrêter presque à chaque embranchement de route, où souvent une niche rustique renferme la sainte image ; presque à chaque maison, car dans plusieurs endroits, selon un

l'ancien baptistère, très important jadis, puisque c'était le seul de la vallée. Cette petite chapelle latérale au nord de l'église a été rendue à sa première destination.

vieil usage, les portes sont ornées de devises, chrétiennes (1), avec les monogrammes entre-lacés ou séparés de Jésus et de Marie.

Enfin, au fond des Pyrénées françaises, au pied des pics d'Azet et de Tramesaygues , Notre-Dame de Bourisp n'a rien perdu de sa renommée des anciens jours. Autrefois, le pauvre village de Bourisp comptait à peine quelques maisons groupées autour d'une église dédiée au bienheureux St-Orens.

Non loin de l'église se trouvait un marécage nommé le *Sescas,* et une fontaine, nommée aujourd'hui fontaine de Notre-Dame. D'après une légende que nous retrouvons souvent, un berger (il appartenait dit-on , à la famille, Sens qui existe encore), vit un de ses bœufs se détourner du troupeau et s'enfoncer dans un bois solitaire. Il le suit et le trouve occupé

(1) Ainsi, on lira ces inscriptions : MEMENTO MORI. — IN OMNIBUS RESPICE FINEM. — Quelquefois: l'inscription est une allusion au nom de famille DIEU DE LASSUS LOGE NOUS LA SUS, etc.

à caresser de sa langue une image de la Vierge.

Cette merveilleuse découverte étonne tout le village. Le prêtre accourt, constate de ses yeux ce qui lui a été raconté, et, prenant dévotement la statue sainte, il va la déposer dans son église.

Le lendemain, ô surprise ; la statue avait disparu. C'est au Sescas qu'on la retrouve, toujours adorée par le bœuf comme la veille. Trois fois le même prodige se renouvelle ; trois fois l'image portée à St-Orens, ou sur des collines voisines a abandonné ces lieux pour retourner au Sescas (1).

(1) M. Collin de Plancy, dans un de ses plus intéressants ouvrages, *Légendes de la Ste-Vierge* (p. 249), s'exprime ainsi :

« Un phénomène, dont la raison n'a jamais pu être
« expliquée, s'est répété plusieurs fois à l'occasion
« des images miraculeuses de Notre-Dame, trouvées
« souvent d'une manière extraordinaire et avec des
« circonstances qui étonnent notre faible esprit. Ce
« phénomène s'est manifesté dans la sainte image
« de Liesse qu'on ne put éloigner de la petite fon-

C'était évidemment une place choisie par la Vierge elle-même pour y être honorée, et c'est là qu'on lui éleva d'abord une chapelle, puis une église.

Le merveilleux ne s'arrête pas là.

« Une tradition populaire, dit M. d'Agos, affirme qu'un architecte inconnu vint tracer le plan et diriger les travaux, et que, l'église terminée, il disparut. Des mains invisibles vinrent aussi aider les travailleurs; chaque matin l'ouvrage de la veille avait grandi merveilleusement: le bois et la pierre qu'on avait disposé se trouvaient prêts à être placés. »

« taine auprès de laquelle elle s'était posée, et dans « celle de Notre-Dame de la Délivrance qui, empor- « tée dans une église, était ramenée la nuit par une « puissance inconnue au lieu de son antique sanc- « tuaire. » M. Collin de Plancy ajoute que le même fait a eu lieu pour une image de la Vierge qu'on révère à Nogent-sur-Seine, en Champagne, et pour celle de Notre-Dame de Bétharam, en Béarn. Cette merveille, comme on peut le voir dans notre livre, s'est reproduite pour plusieurs sanctuaires des Pyrénées.

Telle est la légende ; quant à l'histoire, elle reste muette sur l'origine de ce sanctuaire.

La piété populaire n'a cessé d'entourer de ses hommages Notre-Dame de Bourisp. En commémoration de la découverte miraculeuse et du jour où elle avait eu lieu, une procession solennelle fut instituée à la fête de l'Ascension. Cette antique cérémonie se célèbre encore annuellement avec une grande pompe au milieu de la foule accourue des divers points de la vallée ou des frontières d'Espagne.

Une bulle du 6 décembre 1554 accorda à ce sanctuaire des indulgences pour la fête de l'Ascension et pour toutes les fêtes de la Ste-Vierge.

Bourisp est une petite commune de l'arrondissement de Bagnères-de-Bigorre. Malgré la vreté de la population qui n'atteint pas 300 âmes, l'humble autel de Marie reçoit de nombreuses offrandes. Des dons de natures diverses sont chaque jour déposés par les fidèles à côté de l'image merveilleuse. Recueillis par le prêtre et vendus pour le compte de Notre-Dame, ils servent à l'entretien de son culte.

Description de l'édifice actuel, ses peintures murales. — La statue de la Vierge.

L'église, par elle-même, offre peu d'intérêt. Ses fenêtres ogivales, cintrées ou carrées annoncent qu'elle a été réparée à diverses époques. La porte, en général si ornée dans les monuments de la vallée, est privée de sculptures. Une fenêtre du milieu de l'abside et celles de la tour carrée qui sert de clocher offrent seules quelque détail architectural. Ce sont des ouvertures divisées par des colonnettes en deux ou trois baies cintrées à la tour, et ogivales à l'abside ; l'église a deux nefs à voûte d'arête ; le chevet est à cinq pans coupés. La nef latérale, qui a deux travées comme la nef principale, ouvre sur celle-ci par deux arcs ogivaux réunis par un pilier carré dont le chapiteau décoré de têtes grossièrement sculptées porte une fleur de lys dans un coin et sur le tailloir la date de 1583 avec les deux lettres, A. M.

Ce que l'église offre de remarquable, ce sont les peintures, figures symboliques ou scènes de l'histoire sainte, qui la couvrent du sol jusqu'à la voûte. Ce n'est pas à l'occasion d'une petite chapelle que j'essaierai de redire toute l'histoire de la peinture murale. Ces peintures se retrouvent dans les monuments des peuples les plus antiques. Les premiers chrétiens en décoraient les voûtes des catacombes et les marbres de leurs tombeaux. Plus tard, l'ornementation historiée des églises eut pour but principal l'instruction du peuple et l'édification des fidèles. Les conciles, les pères de l'Église ont recommandé les images,

parce que le souvenir des vertueux personnages
exhumés par le peintre rappelait l'esprit de
chacun comme par un conseil vivant au courage
de la piété. « Toute image, disait Jean Damas-
cène, ouvre le cœur et l'intelligence ; elle nous
engage à imiter d'une façon merveilleuse et
ineffable les personnages qu'elle représente. »

Plusieurs églises de nos vallées, telles que
celles de Cazaux (1), de Jézeau, de Gouaux,
d'Antichan, etc., étaient ainsi décorées. Dans
nos montagnes où les lumières de la civilisation
avaient peine à pénétrer, il fallait instruire par
les yeux autant que par les oreilles, et faire lire
dans la peinture ce que les hommes illettrés du
moyen-âge n'auraient pas su lire dans l'écriture.

Le temps a détruit dans plusieurs endroits ces
pieuses images, et quelquefois aussi l'ignorance
qui ne les comprenait plus a voulu couvrir d'un
voile ignoble de badigeon ce qu'elles avaient de
trop naïf.

(1) M. du Mège a publié une savante étude sur les
fresques de cette église dans les mémoires de la
société archéologique du Midi de la France, 1852.

La peinture murale religieuse semble vouloir renaître aujourd'hui dans nos contrées (1). Il n'est pas sans intérêt d'étudier ce qui nous reste d'autrefois.

Sous le porche apparaissent les sept péchés capitaux qui semblent exclus du sanctuaire et vouloir en exclure les âmes dont ils ont fait leur proie.

Ils portent ainsi leur nom : SUPERBIA ; AVARITIA ; GULA ; LUXURIA ; IRA ; INVIDIA ; PIGRITIA ; le septième manque.

Chaque péché est personnifié par une femme poussée par le démon qui l'inspire. C'est une femme coiffée avec des plumes, richement vêtue, à cheval sur un lion, qui représente l'Orgueil. L'Avarice tient une bourse et monte une bête féroce. La Gourmandise, un verre à la main, est montée sur un porc. La Luxure, est à cheval sur un bouc. La Colère, qui

(1) Voir, dans la *Gazette du Languedoc* du 4 mars 1856, un remarquable article de M. d'Aldéguier sur les peintures murales de M. Cazes, dans l'église de Bagnères-de-Luchon.

s'arrache les cheveux, est montée sur un
dragon. L'Envie est à cheval tenant un miroir.
La Paresse, les bras croisés, s'avance sur un
âne. M. d'Agos croit qu'à côté de l'escalier
et des tribunes, construits après coup, se trouvaient des peintures aujourd'hui perdues et qui
complétaient l'ornementation du porche intérieur. C'étaient les *démons engloutissant l'âme
des damnés dans l'enfer* et la *tentation de nos
premiers parents.*

En entrant dans l'église, on aperçoit à gauche le *Baptême,* et à droite la *Charité.* A gauche
de la première travée et jusque sur la voûte,
s'étend le *Jugement Dernier.* St-Michel qui
pèse les âmes; Satan qui cherche à faire incliner
de son côté la balance; St-Pierre qui emmène
les élus; un démon qui entraîne les damnés.
Au-dessus de tout, assis sur l'arc-en-ciel, le
Christ avec le nimbe crucifère et fleurdelysé,
montre ses saintes plaies. A ses pieds sont agenouillés St-Jean, le précurseur, et la Sainte-
Vierge implorant son divin fils pour les hommes.

Autour de la croix qui brille à la clé de voûte, on lit :

OCCIDENS, AQVILO, ORIENS, AVSTER.

La trompette des anges fait retentir ces mots :

SVRGITE MORTVI — VENITE AD JVDICIVM.

Deux médaillons représentent ENOC et ELYE, les seuls hommes échappés à la mort.

A côté de cette image du jugement dernier, se trouvait le tableau de la généalogie de la Vierge. C'est un arbre dont chaque rameau porte le nom d'un des rois de Juda. ASA, JO-SAPHAT, ABIAS, ROBOAM, DAVID, SALO-MON, JORAM, JOSIAS, JOATHAN..... AM. EZECHIAS, MANASSÈS.

L'arcade recouvrant les fonts baptismaux pré-sente le *Baptême de Notre-Seigneur et un vase de fleurs.*

Dans la deuxième travée, à gauche, on aper-çoit le *martyre de St-Etienne;* à droite, quatre saints : St-Antoine, St-Sébastien, et deux évêques mitrés sans attribut, peut-être St-Orens et St-Bertrand ou St-Exupère, vénérables prélats de ces vallées. Près de la fenêtre, on remarque les monogrammes de Jésus et de Marie.

I H S M

et deux inscriptions d'un côté :

LA. 1591 FVT FETA LA. P.
PINTVRE ERA OBRIES
G . . . . P . . . .   CVRIA.

et d'un autre côté :

LA. 1592 FVT ACABADA LA. P.
PINTVRA ERA OBRIES JAN
BERMEIL (1) E JAN BOE

A la voûte, autour de la clé représentant l'agneau divin, huit personnages disposés dans des médaillons nuageux portent leurs noms dans des ronds correspondants :

(1) M. d'Agos fait remarquer que ce Bermeil devait être de Bourisp, où une famille de ce nom existe encore.

(Moïse) (Aaron) (Hiérémi) (Nathan)
  P   P   P   P

Elisée, Jonas, Michée, Abraham.
  P   P   P   P

Sur les parois de la nef latérale, la Passion est représentée, on y lit :

LES FIGVRES DE LA PASSION
. . . FAITES EN LA . . .
PAR MOY RAMO . . .

Des légendes étaient placées au-dessous de chaque sujet. Jésus condamné TOLLE TOLLE ; JÉSUS COURONNÉ D'ESPINA, etc.

Les clés de voûte offrent sur des écussons la suscription de la croix, et les monogrammes de Jésus et de Marie.

A la seconde travée, on voit St-Grégoire, St-Ambroise, St-Augustin en évêque, St-Jérome en cardinal, le Pélican et le Phénix. A la voûte, le Père Eternel ou Jésus-Christ en chape, tient de la main gauche un globe et bénit de la droite;

des têtes d'anges ailées sont placées dans des médaillons.

Les symboles de la Vierge se déroulent dans des cartouches avec des légendes explicatives. Ainsi, l'on remarque : une palme (PALMA), une branche (VIRGA JESSE), un cyprès (CYPRESSUS), un cèdre (CEDRUS), la lune (PULCHRA UT LUNA), le soleil (ELECTA UT SOL), une porte (PORTA COELI), un jardin (HORTUS CONCLUSUS), un rosier (PLANTATIO ROSÆ), une fontaine (FONS HORTORUM), etc.

L'ornementation de l'abside devait être la plus riche ; mais elle a été la plus endommagée.

L'autel était décoré de peintures sur bois à fond d'or, représentant diverses scènes de la vie de la Vierge.

Quelques-unes de ces antiques peintures pourraient être sauvées encore, malgré les outrages qu'elles ont eu à subir du temps et de la négligence.

Quant à la statue qu'on vénère dans ce sanctuaire, « la raideur de ses formes, dit M. d'Agos,

« les draperies et les ornements dont elle est
« couverte nous font penser qu'elle doit re-
« monter au moins au XIIme siècle. Elle n'a de
« moderne que sa couronne. Le siége sur lequel
« elle est assise est peint en noir avec des rin-
« ceaux couleur d'or.

« Elle est vêtue d'une robe noire peut-être
« primitivement bleue, à fleurs rouges et or,
« d'un manteau à fleurs d'or et d'un voile blanc
« à fleurs rouges. La bordure du manteau et de
« la robe est d'or avec des cabochons rouges et
« noirs. Le manteau est retenu sur la poitrine
« par une plaque. d'or à cabochons de couleur.
« Les souliers sont blancs avec des points rouges
« et ornés au milieu d'une bande noir et or. La
« main droite manque.

« L'enfant Jésus, qu'elle tient sur le bras
« gauche, porte une couronne sur la tête, et,
« par dessus la robe, un manteau rouge bordé
« d'or. Il tient à la main gauche un livre ou-
« vert, et bénit de la main droite. »

L'église a perdu, durant les révolutions, des
objets précieux; il lui reste cependant encore

un ancien calice d'un beau travail et une grande croix processionnelle, sur la hampe de laquelle on lit : 1617. **P. D. BORIS.**

Nous avons plus d'une fois visité nous-même la chapelle de Notre-Dame de Bourisp, et, si nous avons fait de nombreux emprunts à la charmante monographie de notre pieux et honorable ami, M. d'Agos, c'est qu'il est impossible de faire quelque chose de mieux ou de plus achevé que sa description archéologique.

III

Pèlerinages. — Pratiques de dévotion. — Miracles.

Les pèlerins, le bourdon à la main, le manteau chargé de coquillages, qui allaient jadis en chantant de saints cantiques visiter les lieux de dévotion de France et d'Espagne, deviennent de jour en jour plus rares. Mais le culté de la Vierge, en changeant de forme, vit encore dans le cœur des montagnards. Notre-Dame de Bourisp est toujours honorée. La procession dont nous avons parlé conserve toujours son éclat des anciens temps.

Une confrérie, fondée en 1701, par l'évêque de Comminge, en l'honneur de Notre-Dame du Rosaire, compte un grand nombre d'associés parmi les fidèles des contrées voisines.

Les traditions, les récits des miracles sont conservés par les vieillards, qui les transmettent de génération en génération.

Voici deux légendes trop fameuses dans le pays pour les passer sous silence.

Une jeune fille (1), de la vallée d'Aure, aimait depuis longtemps un jeune homme dont elle était adorée. Longtemps elle hésita cependant à couronner son amour ; c'est qu'elle frémissait à l'idée que le jour du mariage, au

______

(1) J'ai déjà raconté ce fait recueilli sur les lieux même, dans mon ESSAI SUR LE DROIT DU SEIGNEUR, *à l'occasion de la controverse entre M. Dupin et M. Veuillot.* Paris, in-8°, 1855. Charavay, éditeur.

J'ai dit la vérité. Il n'est que trop certain que de petits tyrans de village ont exercé des droits honteux dans nos vallées ; mais je crois avoir trouvé, même après l'ouvrage si remarquable de M. Veuillot, des raisons nouvelles pour venger le clergé de vieilles et odieuses calomnies trop souvent répétées.

lieu d'être la réalisation d'un rêve de bonheur, serait pour elle un jour de désespoir et de honte. Le seigneur du village l'attendait dans son castel, comme l'aigle attend sa' proie, pour exiger l'infâme tribut de sa pudeur virginale; elle essaya vainement de le fléchir par ses larmes. Près de là s'élevait la chapelle de Notre-Dame de Bourisp. La jeune fille va s'agenouiller aux pieds de la Vierge immaculée qui protège l'innocence, et elle fait vœu de lui offrir la plus belle génisse du troupeau paternel si le ciel daigne la préserver du déshonneur qui la menace. Le jour de la noce arrive; le cortège nuptial s'achemine vers l'église... Tout-à-coup, la cloche du village, au lieu d'un joyeux carillon, fait entendre un glas funèbre... un long cri est répété par les échos... le seigneur venait d'être emporté par une mort soudaine.

La jeune fiancée, ainsi délivrée de ses terreurs, se hâta d'acquitter l'offrande promise à la Vierge.

Cette scène a fait une si vive impression dans

le pays, qu'on croirait qu'elle s'est passée il n'y a que quelques jours.

La fille, vous dira-t-on, était de Soulan ; elle se nommait *Loubet* ; elle se maria dans la maison de *Bordes*. C'est en arrivant au pont de Bayen ou Bahul, qu'elle entendit sonner l'agonie. Noguès, de Vielle, prit la génisse en *gazaille*, et sa famille a continué à servir une redevance à Notre-Dame de Bourisp jusqu'en 1789. Enfin, la clochette de la vache, déposée d'abord sur l'autel comme un ex-voto, y demeura pendant des siècles. Elle y était il n'y a que quelques années ; elle existe même encore, mais transformée, m'a-t-on dit, en ustensile de cuisine.

Le second récit est bien simple et me paraît touchant. Le seigneur de Bazus semblait devoir exciter l'envie. Il était riche et respecté dans la vallée de la Neste. Une femme adorée entourait sa vie des saintes joies de la famille. Hélas ! une seule chose manquait à son bonheur, c'était un fils qui pût perpétuer leur nom et qui fût la gloire de leurs vieux ans. De nombreuses années s'étaient écoulées depuis leur mariage, et le ciel leur avait refusé cette bénédiction vivante. Leurs prières n'avaient pas été exaucées. Ils voulurent les faire recommander auprès de Dieu par sa divine mère. Et voilà qu'un jour le haut et puissant seigneur et la noble dame, nu-pieds, tenant à la main le bâton du pèlerin, se rendent à Bourisp pour déposer sur l'autel une offrande symbolique de deux cœurs et d'un enfant de cire blanche.

L'année suivante ils revinrent : ils apportaient leur fils à la Vierge pour qu'elle le bénît, et laissaient à son église un ornement complet en satin vert, comprenant le pluvial, la chasuble, deux dalmatiques, l'étole, la bourse et le voile.

Cet ornement a été conservé. Le seul souvenir qui reste encore du seigneur de Bazus, dont le temps a effacé le nom et la puissance, c'est le souvenir de sa piété envers la Vierge, des bienfaits qu'il en reçut, et de la reconnaissance qu'il lui en témoigna.

Des manuscrits, parfaitement d'accord avec

la tradition, rapportent de nombreux miracles attribués à l'intercession de Notre-Dame de Bourisp, dans le xviiime siècle.

En 1703, Ferrière, d'Asté, fit construire un autel à la Vierge. C'était l'exécution d'un vœu qu'il avait fait pendant une maladie grave, dont il fut soudainement guéri. Lorsque la vieille couronne de la sainte image fut enlevée, ainsi que nous l'avons dit, les moindres fragments furent recueillis avec soin, chacun voulut en avoir un débris, qu'il garda comme une précieuse relique.

BIBLIOGRAPHIE.

Notice sur Notre-Dame de Bourisp. — St-Gaudens, 1854, par *le baron Louis d'Agos.*

Ce livre, plein de recherches consciencieuses, est complet et très intéressant.

On y trouvera plusieurs documents curieux, notamment une bulle du pape Urbain VIII, en faveur de Notre-Dame de Bourisp.

NOTRE-DAME

DE NESTÉS.

NOTRE-DAME DE NESTÉS.

La vallée de la Neste, comprise jadis dans
l'ancien diocèse de Comminge, dépend aujour-
d'hui de celui de Tarbes.

Cette belle et riante vallée, située entre Bagnères-de-Bigorre et Bagnères-de-Luchon, conserve de nombreuses traces du passage des
Romains. On retrouve des restes antiques dans
cette contrée voisine de St-Bertrand, le *Lugdu-
num convenarum* de Pompée. A chaque pas,
on y découvre des autels votifs consacrés aux
divinités topiques, et souvent c'est sur les débris
d'un temple du paganisme que se sont élevés les
oratoires des chrétiens.

Non loin du château de Montoussé, dont les murailles à demi ruinées dominent le pays, on remarque encore une humble et modeste chapelle dédiée à la Vierge.

La féodalité, qui a fait son temps, et qui est passée comme doivent passer toutes les institutions humaines, ne relèvera plus ces tours écroulées ; mais le culte de Marie, qui est éternel comme toutes les choses divines, se rétablit dans le sanctuaire trop longtemps déserté, et la piété du XIXme siècle dans ces montagnes ne veut pas le céder à celle du moyen-âge.

Cette vallée, comme presque toutes celles des Pyrénées, avait sa madone protectrice, *Notre-Dame de Nestés*. La chapelle s'élevait à Montoussé dans un hameau nommé Nouilhan (1). Une légende, dont l'origine remonte aux temps les plus reculés, rapporte que l'image de la Vierge

(1) M. d'Agos fait venir ce mot de *nouillo*, qui signifie génisse dans le patois local et qui semble venir du mot espagnol *novillo*... Dans les Hautes-Pyrénées, il y a d'autres lieux qui se nomment *Nouilhan* : une commune notamment du canton de Vic porte ce nom.

fut découverte par un berger dans un buisson devant lequel s'arrêtait, chaque jour, une de ses génisses, au lieu de rentrer au bercail.

L'image, religieusement déposée sur le plus bel autel de l'église paroissiale, revint toujours à l'humble place où on l'avait trouvée. On l'y laissa donc, et on y construisit une chapelle. La neige tombant, dit-on, au milieu de l'été, traça, par une nappe blanche, la superficie de l'édifice. Ce miracle rappellerait celui qui eut lieu au IVme siècle pour la première chapelle romaine, dédiée à la Vierge : « Qui ne sait, dit Molinier (*Le lys du val de Garaison*, p. 59), qui ne sait le miracle de la neige qui tomba dans Rome ès plus chauds jours de l'été, sous le pontificat de Libérius, et se conserva fraîche au plus fort de la chaleur dans un endroit que la Ste-Vierge choisit par ce signe, si manifeste et si exprès pour y avoir un temple et y départir ses faveurs. »

A défaut de tout document écrit, l'étude du monument même semble assigner une grande antiquité à la chapelle de Nouilhan.

« Les autels que nous y avons trouvés, dit

M. d'Agos, ainsi qu'une pierre qui est enchâssée dans le mur, nous porteraient à faire remonter son origine jusqu'aux premiers siècles du christianisme. La pierre dont nous voulons parler est tumulaire, sans inscription, et montre deux colombes sur le bord d'un vase qui nous paraît figurer une cuve baptismale, becquetant deux grappes de raisin qui s'en élèvent. Cet emblème est chrétien. On le retrouve sur des pierres semblables dans les vieilles églises de Larboust. Ici, les colombes représentent l'âme humaine régénérée par le Baptême, et se nourrissant du sang du Christ. Sur la cuve et aux angles inférieurs de la pierre, on voit des croix inscrites dans un cercle. Elle est encadrée par une bordure imbriquée. »

La statue qui, malheureusement, a été peinte, ce qui empêche de voir si elle était noire, représente la Vierge avec une couronne radiée, assise, tenant sur ses genoux l'enfant Jésus bénissant. Le siége et la statue sont de la même pièce.

La dévotion à Notre-Dame de Nestés était jadis très grande. On raconte que, dès les temps les plus anciens, le Ciel y opérait d'éclatants miracles. Un jour de pèlerinage, le pont de la Neste s'était rompu. Un religieux du village de Labarthe ne pouvant se résoudre à laisser une foule pieuse dépourvue de tout secours religieux, entre dans la rivière profonde pour tenter de la traverser au péril de sa vie. Mais voilà que les flots lui ouvrent un facile passage, et lui permettent d'arriver au bord.

Les dons abondaient à la chapelle. C'est là, dans cette terre particulièrement bénie, que les fidèles élisaient la sépulture pour dormir leur dernier sommeil sous la garde de la Vierge. Une congrégation de prêtres s'était vraisemblablement établie dans ces lieux, où l'on remarque les restes d'un bâtiment nommé encore *chapellenie.*

Il n'est guère resté d'autre document écrit que le catalogue des obits établis depuis 1635 par actes passés devant le notaire royal de la châtellenie de Montoussé.

Un acte important a été cependant conservé :

c'est un bref du pape Innocent X, qui permet d'ériger une confrérie tant d'hommes que de femmes dans la chapelle de Nouilhan, et qui accorde aux confrères des indulgences plénières et non plénières.

Ces indulgences n'étaient pas seulement une faveur et une consolation promises à l'article de la mort au pécheur repentant; ce n'était pas la récompense de l'exacte soumission à certaines pratiques de dévotion, c'était aussi une excitation à la charité. Ainsi, il y avait indulgence pour un confrère lorsqu'il donnait asile aux pauvres dans sa maison; lorsqu'il réconciliait deux ennemis ou leur procurait la paix; lorsqu'il convertissait quelque pécheur ou qu'il enseignait la loi de Dieu à ceux qui l'ignoraient.

Quand vint la Révolution, le sanctuaire de Notre-Dame de Nestés fut peut-être le seul, de tous ceux de Notre-Dame dans les Pyrénées, que la piété populaire n'ait pas su défendre et garder. Aussi, le Ciel irrité sembla-t-il appesantir sa colère sur cette contrée abandonnée de sa protectrice divine. La grêle, qui depuis des siècles, dit-on, avait respecté ces campagnes, *les ravagea avec une fureur implacable pendant sept années consécutives.*

La sainte image échappa, du moins, aux flammes auxquelles la fureur révolutionnaire l'avait destinée. Une femme, Mme de Berbizier, sut communiquer son zèle dévoué à des personnes attachées à son service.

Jean Malaplate offrit de hasarder sa vie pour sauver la statue, et il la sauva. Deux autres chrétiens fervents cachèrent aussi sous les combles de l'église de Montoussé de saintes images que la piété retrouve encore aujourd'hui décorant le temple du village.

Lorsque la religion recouvra ses autels, celui de Nouilhan ne put se relever. La statue de la Vierge fut solennellement rendue à la vénération des fidèles dans l'église paroissiale; mais le lieu que les générations des siècles écoulés avaient consacré par tant de prières semblait encore béni du Ciel, et l'on racontait des choses merveilleuses qui se seraient accomplies sur ces ruines couvertes de ronces et de lierre.

Pendant les sanglantes journées de juin 1848, trois jeunes filles, dans toute l'innocence de l'âge, au moment où leur cœur s'ouvrait aux douces idées qu'éveille la préparation à la première communion, aperçurent en passant, auprès des buissons qui croissent au milieu des débris de l'ancienne chapelle, une image qui leur parut ressembler à celle de la Vierge. Ces enfants répétèrent, dans l'église même, au prêtre qui leur enseignait avant toutes choses l'horreur du mensonge, cet étrange récit, qui émut les fidèles présents ; ils allèrent aussitôt pieusement s'agenouiller sur les débris du sanctuaire écroulé, et une lumière mystérieuse leur apparut.

Diverses personnes se mirent en prières au même endroit, et des témoignages sensibles de la protection de la Vierge éclatèrent à leurs yeux dans des choses merveilleuses qu'elles offrent d'affirmer sous la religion du serment.

En présence de cette manifestation céleste, la piété populaire s'empressa de planter une croix dans ces lieux ; les murs du sanctuaire furent relevés.

Une plume exercée écrivit en 1856, sous l'inspiration d'un noble cœur et d'une âme pure, l'histoire inédite de Notre-Dame de Nouilhan. La dernière page du livre a paru plus tard. Ce fut en septembre 1856 que la nouvelle chapelle a été bénite. La pompe de cette pieuse cérémonie, les processions s'acheminant au bruit des cantiques vers le sanctuaire sorti de ses ruines, la rivalité des paroisses voisines à venir y prier Marie ; le retour de la statue à la demeure qu'elle occupa pendant tant d'années, tous ces détails touchants rappelèrent la piété des jours les plus fervents qu'aient vus les siècles antérieurs.

Puisse Notre-Dame de Nouilhan, en retrouvant encore dans les habitants de la Neste l'antique foi, accorder aux enfants les bénédictions et les grâces qu'elle procura jadis à leurs pères !

BIBLIOGRAPHIE.

Notice de Notre-Dame de Nestés à Nouilhan de Montoussé, par Louis de Fiancette d'Agos. St-Gaudens, 1856, broch. de 52 pages.

Voir encore un article du même auteur dans le journal de St-Gaudens, de septembre 1856.

NOTRE-DAME

DE MÉDOUS.

NOTRE-DAME DE MÉDOUS.

A l'entrée de la vallée de Campan, près de Bagnères-de-Bigorre, s'élevait jadis un monastère renommé par une sainte image de la Vierge, Notre-Dame de Médous, *sancta Maria de melle dulci*.

Le couvent, jadis habité par des capucins, a été détruit; la statue vénérée existe encore; sauvée pendant la Révolution par la piété populaire, elle orne aujourd'hui le maître-autel de l'église d'Asté.

« Cette statue, apportée, dit-on, d'Italie (1),

(1) *Voyage archéologique et historique dans l'ancien comté de Bigorre*, p. 100, par M. Cénac-Moncaut. — Tarbes, Telmon.

possède des qualités du premier ordre et présente le cachet des maîtres italiens du xviime siècle. La divine pureté de la tête de la Vierge, la majesté de sa pose, l'ampleur harmonieuse des draperies indiquent un ciseau qui savait s'inspirer des dessins de Raphaël. Au milieu du profond dénuement de nos provinces pyrénéennes, à l'endroit des œuvres artistiques de la Renaissance, on est heureux de retrouver, dans l'église d'un village, un marbre qui ne serait pas indigne de figurer dans une des belles basiliques de Rome. »

Médous avait des protecteurs puissants dans les nobles vicomtes d'Asté, plus tard ducs de Gramont, qui offrirent cette statue à la chapelle du monastère voisin.

Ces opulents seigneurs aimaient à orner les églises d'objets d'art. Dans un magnifique rétable de l'ancien couvent des Jacobins de Bagnères, conservé à la villa Théas, on remarque au-dessus des donateurs agenouillés l'écusson de la maison d'Asté.

Il reste à peine quelque vestige du cloître et

du couvent. Leur fondation ne remontait guère qu'au xvme siècle, c'est-à-dire à une époque où les légendes commençaient à devenir plus rares.

Je ne recueillerai pas toutes les traditions orales qui se rattachent au culte de la Vierge de Médous. Mais voici un fait merveilleux authentiquement constaté, et dont les preuves existent encore aux archives de Bagnères.

Le 17 janvier 1648, les consuls de la ville adressèrent au juge du lieu une requête, *où ils exposaient des faits dignes de remarque tant pour la gloire de Dieu que pour l'édification des habitants,* faits qui se seraient passés un demi siècle environ auparavant et qui n'auraient pas été couchés par écrit, soit à raison des guerres qui troublaient la province, soit à raison du peu de soin et d'industrie de leurs devanciers.

Après avoir rapporté les détails que nous allons raconter, ils concluaient ainsi :

« Il vous plaira ordonner qu'il sera enquis de tout ce que dessus, et à cet effet députer un commissaire pour ouïr quelques personnes en la présence de quelques prudhommes dignes de foi

qui restent encore en vie ou autres qui en savent quelque chose, pour icelle enquête juridiquement faite être rapportée devant vous, et ensuite être ordonné qu'elle soit remise et enregistrée dans la maison de ville pour servir de mémoire à la postérité et ferez bien. Signez, etc. »

En conséquence, il fut procédé à une enquête par Roger de Berné, docteur en droit, avocat de la Cour souveraine du parlement de Toulouse, commissaire par elle député à l'exercice de juge ordinaire et magistrat royal de la ville de Bagnères.

Un greffier et quatre notaires constatèrent officiellement les déclarations des témoins. Ces témoins, au nombre de dix-huit, étaient presque tous plus qu'octogénaires, et trois avaient déjà atteint leur centième année. Or, racontons les faits qu'ils affirmèrent à la justice. Leurs dépositions sont conservées; en voici une simple et fidèle analyse. Leur naïf langage offrira plus d'intérêt que n'en auraient les commentaires.

L'année qui précéda la contagion dont la ville de Bagnères fut affligée, c'est-à-dire en l'année

1588, l'hiver fut si rude que la rivière de l'Adour se glaça. On pouvait marcher sur la glace : il fallait la rompre avec effort autour des moulins pour pouvoir moudre le blé. Le pain durcissait et résistait au couteau ; on était obligé de le remettre au four pour le faire dégeler ; et jamais, auparavant ni depuis, on n'avait vu une telle glace.

La même année, la pluie tomba en telle abondance que l'eau entrait dans toutes les maisons de la ville et dépassait le pont de l'Adour ; et jamais on n'avait vu une inondation pareille.

La même année, la veille de Pâques, la neige tomba en si grande quantité qu'on ne pouvait entrer dans la ville ni en sortir, qu'on ne pouvait marcher dans les rues et que les animaux qu'on portait au marché mouraient en route ; et jamais on n'avait vu une telle abondance de neige.

La même année, la veille de St-Jean, il grêla si étrangement que la grêle tuait les oiseaux, mutilait les arbres et brisait les toitures ; et jamais on n'avait vu une grêle si terrible.

La même année, toutes les eaux ordinairement si limpides des rivières et des fontaines
de Bagnères, furent infectées d'une sorte d'ani-
malcules étranges, et les hommes ni les animaux
ne pouvaient en boire avant qu'elles eussent été
clarifiées; et jamais on n'avait vu d'eau si cor-
rompue.

Peu de temps avant la contagion, des truites
d'une longueur extraordinaire, abandonnant le
lit de l'Adour, circulèrent dans les ruisseaux
des rues, et jamais on n'avait vu ces poissons
aussi énormes ni en aussi grande quantité.

Peu de temps avant la contagion, les chiens
et les chats ne faisaient que pousser des cris
plaintifs et lamentables la nuit et le jour, dans
l'intérieur des maisons et au-dehors, et jamais
on n'avait entendu de si tristes hurlements.

Or, en ce temps-là, vivait à Bagnères une
pauvre femme douée d'une grande vertu, et
nommée Domenge Liloye. Elle était née à
Beaudéan et s'était mariée avec un paysan des
palommières de Bagnères. Devenue veuve, elle
habitait la ville au quartier du pied du Pouey,

avec sa fille Andrelle, âgée de 13 à 14 ans, et belle comme un ange. Et cette femme était si pieuse que pour vanter une personne qui suivait avec ardeur toutes les pratiques de la religion ; on disait : « *Ce sera un jour une autre* « *Liloye.* »

La sainte veuve ne paraissait guère en public que pour aller à la messe ou aux processions. Elle était grande et maigre ; un long voile cachait les traits de sa figure. Elle avait une dévotion toute particulière pour Notre-Dame de Médous. Elle se rendait à la chapelle en faisant le trajet pied nu et quelquefois même en se traînant sur les genoux. Souvent Andrelle la suivait. Et tout le monde admirait la dévotion et les mortifications de la mère et de la fille.

On a ouï dire à Liloye qu'un jour la Vierge lui apparut dans la chapelle de Médous sous la forme d'une belle demoiselle vêtue de blanc. Elle lui ordonna de prévenir les prêtres et les consuls de Bagnères de faire pénitence et de se mettre en prières pour désarmer la colère du ciel. Un grand malheur les menaçait ; ils devaient tâcher de le détourner par des supplications publiques, par des processions à l'église de Médous.

Liloye parla aux messieurs de Bagnères de ce que Notre-Dame lui avait annoncé; mais ceux-ci ne tinrent aucun compte de ces avertissements.

Peu de temps après, la peste éclata dans la ville. Les cinq sixièmes du peuple furent enlevés. Il ne survécut que ceux qui avaient cherché au loin leur salut dans la fuite. Tout le reste périt. Une année entière s'était écoulée depuis la cessation du fléau, lorsque les habitants rentrèrent dans leurs maisons purifiées et reblanchies.

Une des principales dames de la ville, Simone de Souville, surnommée Mourelle, se permit de railler Liloye des frayeurs qu'elle avait causées avec ses visions, et elle lui répétait que la peste n'avait atteint que les gens de peu, ceux qui étaient trop pauvres pour se faire soigner. La sainte veuve répondit qu'elle n'avait dit que ce que la Vierge elle-même lui avait commandé de dire.

Liloye n'avait pas cessé de fréquenter l'église

de Médous en temps de peste comme en temps ordinaire. Elle frappait sa poitrine avec une pierre pour demander à Dieu, par l'intercession de sa mère, miséricorde pour les Bagnérais.

On lui a ouï dire que lorsqu'elle allait à Médous, si la porte se trouvait fermée, elle se mettait à genoux et priait : aussitôt, elle voyait la porte s'ouvrir, et elle pouvait achever sa prière au pied de l'autel.

On lui a ouï dire encore que peu de jours après les propos railleurs de Simone de Souville, Notre-Dame de Médous lui apparut de nouveau et lui dit : « Va prévenir Simone de Souville que le fléau ne tardera pas à reparaître ; cette fois-ci il épargnera les pauvres et ne frappera que les riches. Elle-même sera la première victime ; qu'elle songe donc à se préparer à bien mourir. »

Liloye fit part à la demoiselle des paroles de la Vierge, et bientôt après, la peste reparut à Bagnères, et Simone de Souville, surnommée Mourelle, fut la première qui succomba, et elle fut enterrée à la montjoie qui est sur la route de

Campan, et que, depuis lors, les gens de Gerde appellent la *montjoie de Mourelle.*

Comme un grand nombre de personnes périssait de la contagion, le peuple de Bagnères fit vœu d'aller en procession générale à Notre-Dame de Médous, et la peste aussitôt cessa. Dans cette procession, tous les habitants de la ville accoururent grands et petits. A leur tête marchaient Liloye et sa fille vêtues de blanc, pieds nus, un cierge à la main. Les Dominicains renouvelèrent la procession pendant neuf jours, et la ville de Bagnères la continua tous les ans, le 2 du mois d'août, et les paroisses voisines se rendaient aussi processionnellement à Médous pour demander à la Vierge de fléchir la colère de Dieu et d'attirer sur le pays les bénédictions du ciel.

Les consuls de Bagnères proposèrent d'assurer des moyens d'existence à Liloye et à sa fille en reconnaissance du service qu'elles avaient rendu à la ville en écartant le fléau par leurs prières et leurs vertus ; mais la sainte veuve ne voulut accepter d'autre faveur que celle d'être admise dans un couvent pour se consacrer plus complètement au service de Dieu ; et comme les Huguenots avaient ruiné tous les couvents du pays, la ville de Bagnères députa Martial Fréchou, parrain d'Andrelle, pour accompagner la mère et la fille dans une maison de religieuses de St-Bernard, dépendant de l'abbaye de Poublet, en Espagne.

Avant le départ de ces pieuses femmes, on leur donna un grand banquet comme si on eût célébré les noces de la charmante Andrelle.

On a ouï dire à Martial Fréchou, à son retour d'Espagne, que, pendant la route, la jeune fille racontait d'avance tous les incidents du voyage et lui prédisait à lui-même l'avenir. Il était vieux et n'avait jamais eu d'enfants ; elle lui annonça qu'il deviendrait père un jour, et cette prédiction se réalisa.

On a ouï dire encore à Martial Fréchou que, lorsqu'ils approchèrent de Bolbonne, toutes les cloches du couvent sonnèrent d'elles-même. Les religieuses qui n'avaient reçu aucun avis de l'arrivée des voyageuses s'assemblèrent, et, un cierge à la main, accoururent en corps pour les recevoir sur le seuil de la porte au bruit des hymnes et des chants de joie. Mme l'abbesse et toutes les religieuses embrassèrent avec effusion Liloye et sa fille, et les accueillirent comme venant de la part de Notre-Dame, quoiqu'elles eussent pour règle de n'admettre parmi elles que des personnes appartenant à la noblesse.

Plusieurs années après, Martial Fréchou et un autre Bagnerais, revenant d'un pèlerinage à Notre-Dame de Mont-Serrat, s'arrêtèrent un jour devant la porte du couvent de Bolbonne en demandant la charité. Liloye était morte, mais Andrelle les reconnut; elle les revit avec joie et leur offrit l'hospitalité avec une bonté infinie.

Tels sont les faits qui ont été constatés, non pas au moyen-âge dans un temps d'ignorance et de foi, mais dans un temps où le protestantisme avait excité les âmes à l'incrédulité. Ils n'ont pas été consignés dans une charte écrite par un moine dans le silence d'un cloître, mais dans un acte solennel retenu par quatre notaires, en présence d'un ville entière, après une enquête faite par un juge délégué d'une cour souveraine. Ils ne se trouvent pas reproduits dans des copies suspectes; mais les pièces originales, revêtues de signatures nombreuses, sont conservées encore à l'hôtel de ville de Bagnères où elles furent déposées en vertu d'une décision qui remonte au mois de janvier 1648.

NOTRE-DAME

DE PIÉTAT.

NOTRE-DAME DE PIÉTAT

Il existait en Bigorre un grand nombre d'autels dans les églises, ou de chapelles dans les campagnes, consacrées à Notre-Dame de *Piétat*.

Deux de ces chapelles ont eu surtout quelque renommée ; l'une est située sur une haute montagne qui domine toute la vallée d'Argelés, l'autre sur un coteau qui domine la plaine de Tarbes.

Au-dessus de l'antique et célèbre monastère de St-Savin de Lavedan, s'élève une espèce de pic couronné par un pieux édifice qui attire de loin tous les regards. C'était une chapelle votive et champêtre ; elle était entretenue par les offrandes des pèlerins et par le produit d'un champ qui rapportait trois sacs de grain. Le service divin n'y était célébré qu'aux fêtes de l'Assomption et de la Nativité de la Vierge.

Auprès du château de Barbazan, un des plus anciens de la Bigorre, sur le sommet d'un coteau, la piété des fidèles avait depuis longtemps érigé un mont-joie, objet de la vénération de tous les habitants du voisinage et de tous les voyageurs. Une image de la Vierge aurait été, selon la tradition, merveilleusement découverte par un paysan, et serait restée pendant bien des années, placée sur un autel qui n'avait qu'un toit de chaume. Mais Anne de Bourbon, seigneur de Barbazan, voulut que Notre-Dame de Piétat (c'est ainsi qu'on l'avait surnommée), fût honorée dans un temple bien plus digne d'elle. En 1593, il fit bâtir à ses frais une chapelle que lui et ses successeurs eurent soin de décorer.

Par acte du 13 juillet 1595, le fondateur fit

don à cette chapelle d'une métairie de 60 jour-
naux, à la charge de dire deux messes par semaine, l'une le jeudi en l'honneur du St-Nom
de Dieu, l'autre le samedi en l'honneur de la
glorieuse Vierge-Marie. Il assigna pour les ho-
noraires de ces deux messes une somme de 12
livres tournois. Le reste devait être consacré à
l'entretien et à l'embellissement de l'édifice.

En 1617, Roger de Comminge et Catherine
de Bourbon, seigneurs de Barbazan, voulurent
faire desservir la chapelle par les Cordeliers. Il
y eut quelque difficulté à raison des droits du
curé de la paroisse.

Toutes les pièces qui nous sont restées sont
peu importantes et ne sont relatives qu'à des
actes d'administration ou de libéralité.

Cette chapelle n'a point cessé d'être un lieu
particulier de dévotion à la Vierge.

BIBLIOGRAPHIE.

Il n'existe aucune notice sur Notre-Dame de Piétat de Bigorre, près de Barbazan.

Les quelques faits que j'ai pu recueillir sont puisés dans un manuscrit de la bibliothèque de Tarbes, intitulé *Glanages*, t. 7, p. 338.

Dans le t. 25 du même ouvrage, p. 373, se trouve la reproduction intégrale de l'acte de donation ci-dessus cité du 13 juillet 1595.

NOTRE-DAME

DE GARAISON.

NOTRE-DAME DE GARAISON.

I

Origine de Notre-Dame de Garaison.

La vallée de Garaison, dans le Magnoac, semblait déshéritée du ciel et maudite parmi les vallées voisines que baignent la Garonne, la Neste, l'Arros ou l'Adour. C'était une vaste solitude ordinairement couverte de brouillards humides et malsains. C'étaient des landes que le soc de la charrue, dit un vieil auteur, n'osait pas attaquer de peur d'être vaincu par leur stérilité. Il n'y avait là, d'après un ancien titre, que *deux ou trois bordettes ou burous couverts de chaume seulement le long du chemin.* Tout le

14

reste était un sol pierreux où croissaient les ronces et les fougères, où de rares troupeaux avaient peine à trouver leur nourriture. Les pâtres qui fréquentaient ces lieux étaient plongés dans l'ignorance. On racontait d'étranges choses de cette terre désolée, et de ses grossiers habitants qu'on disait livrés à toutes les superstitions. Le peuple plaçait dans la *lanne de boug* le rendez-vous nocturne des sorcières et le sabbat du démon.

Un jour, la solitude se peupla tout-à-coup ; la lumière se fit dans les esprits ; le sol se couvrit de belles forêts, de moissons inconnues, et l'on vit de toutes parts la foule accourir avec respect dans des lieux qu'elle regardait naguère avec effroi. Comment se fit ce changement soudain à l'époque même où le protestantisme naissait et trouvait dans les souverains de la contrée d'ardents protecteurs ? Voici ce qu'on raconte :

Au commencement du xvime siècle (on ne peut préciser l'année), une jeune bergère du val de Garaison, âgée de dix à douze ans et nommée Anglèze de Sagazan, gardait un jour son troupeau non loin de la chaumière paternelle. L'année avait été mauvaise et sa famille était bien pauvre. Ceux qui ont vu sa cabane rapportent qu'elle était privée de jour et de lumière faute de fenêtres, mais que le froid, le vent et la pluie y pénétraient de toutes parts. Sa nourriture consistait dans des aliments tellement grossiers, que la vue seule en aurait dégoûté si la faim n'avait pas été vivement excitée.

La petite bergère s'approche d'une fontaine ombragée d'une aubépine en fleurs, pour tremper dans l'eau le pain trop dur qui formera son repas. Tout-à-coup, une dame d'une beauté divine lui apparaît et lui dit qu'elle est la Vierge-Marie, qu'elle veut avoir là une chapelle, et que le père d'Anglèze doit se rendre aussitôt auprès des habitants de la ville de Montléon, pour leur transmettre ses volontés.

Dès que l'apparition s'est évanouie, la jeune fille s'empresse d'aller la raconter à son père. Cet homme se rend aussitôt à Montléon; mais là on n'accepte pas un si merveilleux récit sur la simple parole d'une enfant.

Le lendemain, la Ste-Vierge se montre de nouveau et ordonne que le père d'Anglèze renouvelle sa démarche en ajoutant que les habitants de Montléon ne devaient pas hésiter à commencer leur œuvre dans un temps de misère, par crainte de ne pouvoir l'achever, parce que la Providence de Dieu leur fournirait bientôt les moyens de terminer l'édifice s'ils étaient assez dociles pour en jeter les premiers fondements.

Cette fois, à Montléon, les esprits furent ébranlés par cette insistance naïve d'une pauvre enfant, par les détails qu'elle donnait, et par la promesse qu'elle faisait si hardiment; mais on ne fut pas encore convaincu.

Le père rend compte à sa fille du peu de succès de sa mission. Anglèze, triste et désolée, revient le lendemain vers la fontaine. « J'ai appris, dit Molinier, une particularité de la bouche d'un homme de septante ans, fils d'un frère de cette bergère qui porte le même surnom de Sagazan, et possède la même logette où elle fut nourrie, que ce troisième jour elle n'y alla pas seule, comme les jours précédents, mais accompagnéc de quelques-uns de sa famille et du voisinage, poussés de curiosité ou peut-être d'un instinct de Dieu, pour être spectateurs et témoins de la merveille. »

Lorsqu'ils furent arrivés au même endroit, la même apparition se reproduisit. L'enfant seule vit la Vierge ; les autres entendirent seulement sa voix. Un miracle vint en outre confirmer les célestes paroles. Le pain noir de la bergère est tout-à-coup changé en pain blanc. Notre-Dame annonce qu'un coffre, meuble presque unique de la chétive chaumière, va se trouver rempli du pain le plus beau. Enfin, elle recommande à la petite fille de ne pas oublier de remercier Dieu de sa bonté infinie. La voix se tait, la vision s'efface, tous les spectateurs courent dans la cabane de Sagazan ; ils y trouvent le plus beau pain qu'on eut jamais vu. La promesse vérifiée, le prodige accompli, les assistants sont saisis d'admiration, la famille pauvre est consolée.

Aussitôt, on se rend à Montléon ; on raconte aux consuls ce qu'on a vu et entendu ; la con-

version du pain noir de la bergère en pain blanc
et la multiplication des pains dans la cabane
frappent tous les esprits. Les consuls en parlent
au recteur, le recteur vérifie le fait, le doute
n'est plus permis, la foi succède à l'incrédulité.
Toute la ville s'émeut. Les prêtres revêtent
leurs ornements, la croix paraît dans la rue,
une solennelle procession précédée par les consuls, suivie par la population entière, se dirige
vers la fontaine de la Vierge. L'air retentit
d'acclamations. L'écho redit les hymnes sacrés
aux villages voisins qui y répondent par des
chants et des cantiques.

Une croix est plantée, suivant les anciens
usages de l'Église, dans le lieu dont on prend
possession pour le consacrer à Notre-Dame.

Le bruit de cet événement extraordinaire se
propage. Les malades accourent de toutes parts
et viennent prier la Vierge à l'endroit sanctifié
par sa présence.

Le savant Molinier écrivait tous les détails
de ce miracle au moment où vivaient encore les
personnes qui avaient vu la bergère et conversé

avec elle. Il consacre une longue dissertation à établir la vérité de ce fait prouvé, dit-il, par cinq témoins *de visu*, par la tradition orale, la notoriété publique, les documents écrits et les effets visibles et incontestables qui suivirent l'apparition.

La faveur du Ciel, promise à la fontaine de Garaison, ne se démentit jamais.

La Vierge se nomma d'abord Notre-Dame de Pitié (1). On lit dans un titre de 1537 *Capella Nostræ Dominæ Pietatis enixa lanâ de boüg*

(1) L'auteur du *Chronicon S. Deiparæ Virginis Mariæ*, qui raconte les miracles les plus célèbres accomplis par l'intercession de la Vierge dans tout l'univers, ne manque pas de rapporter l'histoire d'Anglèze de Sagazan; il cite PETRI GEOFFROY HISTORIA B. VIRGINIS GARAZONIÆ et POROEUS IN TRIPL. CORON. BEATÆ MARIÆ TRACT. I. CAP. 12. Il ajoute : *in tot qua et tanta sunt patrata miracula circa ægrotos, ut populus, corrupto vocabulo, eam meritò appellarit beatam Virginem* Garazione, *vulgò* de Garaison *aliàs* de Guérison. Cet écrivain a été trompé par une analogie de consonnance, en donnant à cette Vierge le titre de Notre-Dame de *Garaison* ou de *Guérison*. Ce nom de Garaison était celui des landes où fut construit

in juridictione et incolatu dictæ villæ (Mont-leonis).

Ce titre, d'une époque voisine de la fondation, est plein de détails inédits et curieux. Il montre quels rapides progrès la dévotion avait fait dans ces lieux. Les pèlerins venaient de loin et laissaient en partant des témoignages de leur reconnaissance. Dans l'acte de 1537, il est déclaré que les revenus de la chapelle seront administrés par quatre *ouvriers* nommés par le recteur et par les consuls de Montléon.

« Lesquels quatre, est-il dit, prêteront serment entre les mains des consuls de bien régir et gouverner ladite chapelle, et de rendre bon compte de tous vœux, offrandes, oblations, soit en or, argent, cire, huile, draps, habillements et autres choses quelconques qui seront données, offertes et baillées tant au dehors qu'au dedans. »

Les membres de l'œuvre rendaient leurs

l'oratoire. Dans une charte d'hommage du duc d'Antin au comte d'Armagnac à la date du 3 avril 1464, j'ai trouvé mentionnées les terres de Batsera et *Garaison*.

comptes dans les huit jours *post quasimodo*. On lit dans une clause :

« **Et** ce qui se trouvera être dû par reliquat
« par les dits ouvriers sera employé à la *répa-*
« *ration et parachèvement de ladite chapelle*,
« s'il est besoin de y être du tout employé par
« l'avis et délibération desdits recteur et con-
« suls, lesquels, quant à présent, ne pourront
« croître ladite chapelle, mais sera parfaite tant
« dedans que dehors, selon l'édifice qui y est de
« présent, sauf s'il est besoin de y faire quel-
« ques ouvertures et fermetures en aubans pour
« mettre les gens à couvert, et feront par l'advis
« et délibération dudit recteur et consuls, selon
« qu'il y aura argent pour le faire. »

Ce titre démontre que les revenus commençaient à être considérables, et que la chapelle,
sans doute fort modeste encore, se serait promp-
tement enrichie si le recteur et les consuls de
Montléon lui eussent abandonné des revenus dont
ils se partageaient la partie la plus considérable.

Anglèze de Sagazan vivait encore ; mais au
moment où les dons abondaient dans le sanc-

tuaire dont la création lui était due, elle fuyait le monde, s'enfermait dans un couvent, et sa pauvreté était si grande qu'elle avait peine à être reçue dans l'abbaye de Fabas, diocèse de Comminge.

Dans la charte de 1537, elle n'est pas oubliée. Parmi les stipulations des parties, on lit ceci : *Item que la monge demeurant au monastère de Fabas sera faite professe et entretenue aux dépens de ladite chapelle, ainsi qu'il sera admis par ledit recteur, consuls et autres gens de bien.*

Cette promesse fut tenue. Ce n'est pas sans émotion que j'ai retrouvé le vieux parchemin que les mains d'Anglèze ont touché, et qui constate sa réception dans un couvent. Voici le texte de cet acte inédit :

« Sachent les présents et à venir..., que le 17
« février 1543, dans l'abbaye et monastère de
« Notre-Dame de Fabas, diocèse de Comminge...
« Etablis Jean Fabo, Guillaume de Séran, Domi-
« nique de Sagazan, Arnaud et Johan Deprats,
« habitants de la ville de Montléon, lesquels

« voyant que sœur Anglèze de Sagazan, religieuse
« dudit monastère, de bonne dévotion, et voulant
« venir à sa profession à laquelle Mme l'abbesse
« de Fabas ne voulait consentir qu'au préalable
« n'y eut constitution de fournir pour son en-
« tretien en ladite religion... Les susdits tous en-
« semble ont dit que, par la révélation faite par
« ladite Sagazan religieuse, eut lieu la fondation
« d'une belle chapelle en laquelle se fait beau-
« coup de bien, et veulent d'icelui entretenir
« ladite religieuse, toutefois ou quant le bien et
« revenu de ladite chapelle ne suffirait pas, les
« susdits, l'un pour l'autre et l'un pour les tous,
« ont promis à notre Dame sœur de Montléon,
« abbesse dudit monastère de Fabas, d'entre-
« tenir ladite religieuse ou quand ledit monas-
« tère ne suffirait, et la pourvoir et bailler des
« aliments et accoutrements nécessaires pour son
« entretènement de ce dessus, ont promis tenir,
« sous expresse hypothèque et obligation de tous
« et chacuns leurs biens soumis aux forces et ri-
« gueurs de la justice, et en être contraints par
« toutes les rigueurs d'icelle... Ainsi l'ont juré sur
« les saints évangiles de Dieu en présence de... »

Dans les jours de sa vieillesse, au moment où Anglèze de Sagazan était avertie par son grand âge des approches de la mort, elle persista toujours à soutenir la vérité de la vision et de la révélation de la Vierge. Un sentiment de modestie, l'empêchait de parler de cette grâce surnaturelle; mais, interrogée par ses supérieurs, elle leur raconta toujours les mêmes faits merveilleux. M. Figarol, chanoine, la visita dans le monastère, et la sainte religieuse lui transmit de vive voix les renseignements qui devaient rester constatés aux archives de Garaison. L'abbesse de Fabas, de la noble et ancienne maison de Noé, se fit souvent redire les détails du miracle; elle a affirmé ces déclarations par écrit, et elle vivait encore lorsque Molinier publia son ouvrage.

Anglèze mena constamment dans son couvent une édifiante vie. Les jours des grandes fêtes de la Vierge, la permission lui était donnée de se rendre en pèlerinage à Garaison, et la foule se précipitait au-devant de ses pas pour le voir, pour solliciter une part dans ses prières.

Anglèze, âgée de plus de cent ans, mourut

en 1589, la veille de la Nativité de la Vierge.

Son corps, déposé d'abord au monastère de Fabas, est aujourd'hui précieusement conservé dans la chapelle de Notre-Dame de Garaison. Ses restes mortels ne jouissent pas cependant encore des honneurs que l'Eglise n'accorde aux saints qu'après leur canonisation.

Pour rejeter ce qu'il y a de merveilleux dans l'origine de cette dévotion de Garaison, il faudrait expliquer comment la voix d'une petite fille pauvre et ignorante a pu donner tant de célébrité à une contrée si délaissée; comment une religieuse, après une longue vie, entourée des dehors de la sainteté la plus parfaite, aurait voulu expirer le mensonge sur les lèvres? Comment, enfin, le Dieu de vérité aurait voulu qu'une fausse invention fut devenue pour tant d'âmes une source inépuisable de bénédictions et de grâces.

II

Histoire de la chapelle de Garaison.

Une chapelle modeste fut bâtie en 1523 sur
la source dont nous avons parlé (1). Un siècle
s'était à peine écoulé, que cette chapelle était
insuffisante et que l'affluence des pèlerins en
exigeait une plus grande. Les offrandes abondè-
rent et permirent de construire l'édifice actuel.
L'intérieur en fut enrichi par les fidèles de peintures et d'ornements. Il était autrefois décoré
d'un grand nombre de statues qui ont été trans-

(1) Elle est toujours restée l'objet d'une grande
vénération. Aujourd'hui, elle est recouverte d'une
voûte et on y descend par un double escalier en
pierre.

portées en 1790 à l'église de Montléon et n'ont pas été rendues depuis. On remarque encore sur la porte principale une image sculptée de la Vierge tenant sur ses genoux le corps inanimé de N.-S.

La chapelle fut consacrée le 16 octobre 1626 par Mgr de Léonard de Trapes, archevêque d'Auch. Ce prélat contribua beaucoup aux progrès de la dévotion de Garaison. Il s'y rendait souvent et avait fait construire sur les lieux un logement pour lui.

Les curés, possesseurs de la chapelle, résidaient assez loin et ne s'occupaient guère que de recevoir les revenus qu'ils partageaient avec les consuls de Montléon auxquels toute l'administration était dévolue. Cet abus frappa vivement Pierre Geoffroy qui avait accompagné l'archevêque dans sa tournée pastorale. Ce jeune homme n'avait fait ce voyage que par curiosité. Le val de Garaison, éloigné du tumulte des villes, environné de landes désertes, lui rappela les retraites sauvages des anciens ermites. Il lui sembla que c'était là le séjour où Dieu voulait qu'il fixât lui-même sa vie. Plaisirs de la jeunesse, douceurs de la fortune, sollicitations de sa famille, espérances d'une union brillante, rien ne put le détourner de son projet soudain de se consacrer tout entier à la gloire de Notre-Dame.

Après avoir pris l'habit ecclésiastique et obtenu en l'année 1604 la chapelle ainsi que la cure de Montléon, il s'établit à Garaison avec trois ou quatre prêtres qui furent les pieux coopérateurs de son œuvre. Ardent à détruire les abus qui peuvent se mêler aux choses les plus saintes, il eut bien des maux à souffrir, bien des difficultés à vaincre. Dieu lui donna des aides. Un jeune homme, issu d'une des plus nobles maisons de Paris, Godefroy de Rochefort, fut attiré un jour par la curiosité à voir cette chapelle dont on racontait tant de merveilles. La sainte entreprise tentée par Geoffroy le séduisit. Il abandonna aussi le monde et se voua pour toujours à la vie contemplative. Il ne cessa de solliciter de la mère de Dieu la grâce nécessaire pour entrer dignement dans les ordres sacrés qu'il ne reçut que très tard. Il employait à chanter les louanges de Marie, la magnifique voix dont le Ciel l'avait doué et qui lui avait valu bien de profanes succès.

C'est au commencement du xviime siècle que Garaison commença surtout à prendre un développement considérable. Consultons les chartes contemporaines trop longtemps oubliées dans la poudre des archives de Tarbes.

Pierre Geoffroy jouissait de la cure de Montléon, ainsi que cela résulte de l'acte de prise de possession en 1604. Plus désintéressé que ses prédécesseurs, au lieu de garder la chapelle dans la dépendance de l'église paroissiale, il travailla avec zèle à l'en affranchir.

Le 26 juin 1606, il obtint du lieutenant principal au siége de la ville d'Auch une sentence relative *au règlement et administration de la chapelle de Garaison et de l'église paroissiale de Montléon*. En 1607, il fit procéder à une enquête sur le lieu où fut bâtie la chapelle. Dans cet acte, plein de curieux détails, on lit que *la dite chapelle est toute seule sans habitation aucune, si ce n'est deux petites cellules ou cham-*

brettes que ledit sieur Pierre Geoffroy vient d'y faire faire. Il n'y a pas de fonts baptismaux; il n'y a pas de lieu consacré à la sépulture. Les sacrements n'y sont jamais administrés; c'est uniquement un oratoire dédié à la Vierge *tant seulement pour recevoir les offrandes et vœux qu'ordinairement les gens de bien y font, lesquels vœux et offrandes sont reçus par le recteur dudit lieu de Montléon, qui est le surintendant et administrateur d'icelle.*

Enfin, Geoffroy obtint, en 1608, une ordonnance de l'archevêque d'Auch, qui déclara la chapelle indépendante de la cure et du curé de Montléon. Un titre de 1611 rapporte les rapides progrès de Garaison dus à Pierre Geoffroy. Dans cet acte, il est fait mention de l'apparition de la *benoite Vierge* à la jeune Vierge de Sagazan. Ce n'est plus un prêtre unique qui se rend à de rares intervalles dans la chapelle. Ce sont plusieurs chapelains qui s'occupent constamment de *servir les pèlerins et d'édifier le monde y tenant musique et confession.* Les dons étaient employés à la chapelle seule qui s'embellissait de plus en plus. Les consuls de Montléon possédaient un banc dans la nef et s'y tenaient les jours de fête avec leurs livres consulaires. Ils avaient la faculté d'y amener la force armée à raison de la grande affluence des fidèles. Les prêtres n'étaient pas obligés de nourrir les soldats, et l'enclos de Garaison était un lieu d'asile où les serviteurs de la chapelle ne pouvaient être *capturés*. Des règlements prescrivaient des mesures pour les hôteliers, les bouchers, les merciers, et autres marchands attirés par la foule dans ces landes naguère désertes.

Un titre important, dont l'original en parchemin est conservé, commence ainsi :

« Le 13 février 1613, Me Pierre Geoffroy,
« chapelain de l'église et chapelle de Notre-
« Dame de Garaison, a dit et déclaré que, depuis
« qu'il a eu l'administration et surintendance de
« la chapelle, il a reconnu si ouvertement par
« tant de miracles qui se font en icelle, combien
« Dieu avait agréable de se servir de ce saint
« lieu et que sa glorieuse mère y fût honorée,
« qu'il se tient obligé de contribuer en tout ce

« qui sera de son pouvoir à l'augmentation du
« culte et service divin de ladite chapelle et ad-
« ministration de l'honneur et gloire de Notre-
« Dame, patronne d'icelle, et que pour cet effet
« il a jugé être nécessaire établir à perpétuité,
« en ladite chapelle certain nombre de prêtres,
« capables et de bonne vie qui y résident con-
« tinuellement pour y faire le service requis et
« y recevoir les personnes dévotes qui à toute
« heure y abondent de toutes parts. »

Le nombre des chapelains varia et fut défini-
tivement fixé à douze. Plus tard six autres prêtres habitués leur furent adjoints pour former
comme le noviciat de la communauté.

Ces ouvriers de l'Évangile allaient pendant
l'hiver répandre la parole de Dieu dans les villages en empruntant au peuple son idiome, ou
bien ils prêchaient dans les villes des missions
fécondes. Puis, ils rentraient dans leur retraite
pour se recueillir devant Dieu, pour se livrer à
l'étude et à l'édification des pèlerins qui accouraient en foule à la chapelle.

On a conservé les noms des chapelains depuis

la fondation de la congrégation jusqu'à nos jours.
Le premier qui figure sur le tableau mérite
d'être cité. C'est Hubert Charpentier, « qui fut
« depuis, dit Molinier (p. 166), restaurateur
« de la dévotion de Bétharam, directeur de
« l'hôpital de Bordeaux, chef et modérateur en
« l'hermitage du mont Valérien, connu par toute
« la France pour un personnage qui, tout rési-
« gné à Dieu, n'a de soin plus pressant que
« d'appliquer ses travaux et son industrie pour
« y conduire les autres et communiquer à tous
« et partout le bien et la grâce dont le Ciel l'a
« favorisé. La chapelle de Garaison a été une
« des premières plantes qu'il ait cultivées lors-
« qu'on commençait à défricher ce champ, d'en
« arracher les épines et d'y arroser la dévo-
« tion renaissante, à quoi il travailla de son côté
« si puissamment et si heureusement par les
« confessions, par les exhortations, par les of-
« fices de l'hospitalité et par le don particulier
« qu'il a d'attendrir les âmes à Dieu, bref par
« l'exemple des belles qualités de nature, de
« grâce et d'acquisition dont il est si richement
« partagé, qu'une grande partie de l'éclat qui a

« rendu ce saint lieu si recommandable est due
« à sa culture. »

La congrégation de Garaison compta dans son
sein des hommes éminents par le savoir et la
piété. Il en est sorti des chanoines, des vicaires
généraux, et un évêque (1). C'est un de ses
anciens chapelains que le clergé, en 1789, élut
comme député de la Bigorre aux Etats généraux
de la France.

Pierre Geoffroy obtint, en 1623, du roi la
cession gratuite, au profit de la chapelle, des
terres vagues et des landes de Garaison.

En 1626, le pape Urbain accorda une bulle
en faveur de ce lieu de dévotion. Un mémoire
déposé aux archives contient les clauses essen-
tielles de cette bulle, et prouve qu'il ne pouvait
y avoir que douze places de chapelains.

D'après une charte de 1626, Garaison *estoit
à cause de la piété du lieu en la protection et
sauvegarde* du roi Louis XIII.

---

(1) François de Gaujac, admis comme chapelain
en 1716, promu à l'évêché d'Aire en 1732.

Des lettres patentes de 1639 accordaient à la chapelle une exemption d'impositions.

A cette époque, Pierre Geoffroy n'existait plus. J'ai parcouru avec émotion un *inventaire* dressé en 1635 *des hardes, papiers et autres choses, appartenant à feu Mᵉ Pierre Geoffroy, vivant grand chapelain de Garaison.* La mémoire d'un homme de bien donne de l'intérêt à tout ce qui a pu lui appartenir dans son passage sur la terre. L'œuvre du saint prêtre devait subsister et s'étendre. D'après une ordonnance royale du 21 septembre 1671, *Sa Majesté ayant été informée que la grande dévotion qu'il avoit à la chapelle de Notre-Dame de Garaison, située au pied des Pyrénées, où se faisoit souvent des miracles y attiroit un grand concours de monde tant du royaume que des pays étrangers de tous les sexes et de toutes les conditions que parmi lesquels se glissoient des voleurs, vagabonds, etc.* Défense est faite de les loger sous peine de 500 livres d'amende, applicable la moitié à la chapelle, et l'autre moitié à un hôpital.

Une lettre de Louis XIV, recommandant la sévère exécution de cette ordonnance, est aussi conservée aux archives de Tarbes et témoigne, par la nécessité de prendre des mesures sévères de police, du concours considérable de pèlerins attirés en ce lieu renommé.

Au moment où Garaison n'avait plus à craindre que les inconvénients d'une prospérité trop grande, la Révolution éclata. Les chapelains n'hésitèrent pas à refuser la constitution civile du clergé prescrite par le décret du 25 octobre 1790.

Leur réputation de vertu commandait autour d'eux le respect. Une délibération de l'assemblée administrative du département des Hautes-Pyrénées ordonna l'apposition des scellés sur les meubles et effets possédés par les chapelains de Garaison ; et le 20 décembre 1791, François Bourjac fut envoyé, en qualité de commissaire, pour exécuter cette mesure.

Le procès-verbal et le long inventaire, dressés à cette occasion, offrent le tableau complet de ce qu'étaient à cette époque la chapelle et ses dépendances.

Le commissaire d'abord laisse percer quelque crainte, comme si sa mission allait froisser les populations. Il se fait accompagner de vingt-cinq hommes de la garde nationale ; il n'ose arriver la nuit et couche en route pour ne paraître que le jour. Il convoque les douze chapelains. Il leur fait part de sa mission ; ils répondent avec dignité. *Ils ne dissimulent pas que le bien qu'ils possèdent leur a été transmis par les voies légales, mais ils en font le sacrifice puisque la force majeure l'emporte.*

Le commissaire, après avoir constaté leur réponse, ajoute : « Considérant la franchise et « la loyauté qui caractérise le corps respectable « que composent MM. les chapelains; considé- « rant la soumission à l'arrêté, nous avons prié « le syndic de nous introduire. »

Toute la maison est ensuite visitée et tout le mobilier inventorié. Il y avait environ **87** chambres. Presque toutes portaient des noms de saints comme St-Pierre, St-Paul, St-André,

St-Jean, St-Thomas, St-Philippe, etc. La bibliothèque contenait 2023 volumes catalogués, sans compter 300 *bouquins et plus*. Le trésor renfermait l'argent, les ornements sacerdotaux et les objets précieux; parmi ces objets, il en est deux qui sont ainsi mentionnés : « *Heures qu'on a dit être un présent de la reine Louis XIV dont le couvert est enrichi de petites perles, et une petite couronne qu'on a dit en nature la couronne de Louis XIV en sa minorité.* »

Ainsi donc, c'est au pied de l'autel de Notre-Dame de Garaison que le grand roi avait déposé la couronne qu'il porta dans les beaux jours de son enfance.

L'orangerie, le jardin, la tuilerie, les granges, la grande auberge, la petite auberge, tout fut mis sous les scellés par le commissaire qui dressa son rapport.

Voici un extrait du registre des délibérations du directoire du département des Hautes-Pyrénées, qui mérite d'être cité :

« Vu les lettres à lui adressées par le sieur

« Bourjac, commissaire du district de la Neste
« pour la vente des biens nationaux de la ci-
« devant chapelle et maison de Garaison, en
« date du 19 mai présent mois (an 4 de la li-
« berté 1792) ;

« Le directoire, considérant que l'image de
« la Vierge et les reliques qui ornaient le prin-
« cipal autel de la ci-devant chapelle de Ga-
« raison, cesseront d'être un objet du culte re-
« ligieux, dans un lieu que sa clôture doi-
« rendre impénétrable ;

« Que le hameau de Garaison, faisant une
« dépendance de l'église paroissiale de Mont-
« léon, chef-lieu du canton de Magnoac, cette
« église doit naturellement être le dépôt des dé-
« pouilles religieuses d'une chapelle qui se
« *trouve de trop dans son territoire;*

« Que les habitants de Montléon et autres
« lieux circonvoisins, se conduisant par les vrais
« principes en fait de religion, ne laissent re-
« douter aucun des excès dont le fanatisme,
« abusant de l'ignorance et de la crédulité, amène
« le danger ;

« Arrête que l'image et les reliques qui sont
« au principal autel de la ci-devant chapelle de
« Garaison seront transférés dans l'église pa-
« roissiale de Montléon. En conformité du vœu
« des citoyens de cette ville, le directoire au-
« torise lesdits citoyens à mettre dans cette
« translation la cérémonie religieuse que l'évê-
« que du département leur permettra. »

Ne voit-on pas, même dans les actes révolu-
tionnaires, la preuve du respect exigé pour la
sainte image de Notre-Dame par la piété populaire?

Quant aux douze chapelains, aucun d'eux ne
faillit à ses devoirs. Tous préférèrent la proscrip-
tion à la moindre infidélité à leurs principes : tous,
un seul excepté, se retirèrent en Espagne. La
plupart succombèrent sur la terre d'exil; soit
en France, soit à l'étranger, ils continuèrent à
mener la vie la plus édifiante.

Le seul qui avait eu le courage de rester dans
sa patrie, l'abbé Blaignan, eut besoin de toutes
les ressources de son esprit pour traverser les
périls qu'il eut à braver. Pendant les mauvais

jours comme après, il ne cessa de se mont
prêtre dévoué et ardent missionnaire.

L'établissement de Garaison devint une p
priété privée. La chapelle, dépouillée de
ornements, fut fermée. Les bâtiments tombère
en ruines. Toute la contrée à qui la protecti
de la Vierge donnait la vie, redevint triste
sauvage.

Quelques pèlerins arrivaient encore po
chercher dans ces lieux de saintes pensées, m
aucun prêtre n'était là pour les éclairer et
diriger.

Les fidèles réclamaient toujours la restau
tion du culte de Marie dans une retraite sai
où leurs pères jadis allaient puiser tant de co
solations aux heures de souffrance et de tr
tesse.

Quarante années s'étaient écoulées depuis
jour où Notre-Dame avait cessé d'être honor
dans le lieu choisi par elle, lorsqu'un vénéra
évêque de Tarbes, Mgr Double, aidé d'un sa
prêtre qui devait être son successeur, résol
en 1833, de satisfaire au vœu manifesté par

population et de rétablir la dévotion de la Vierge dans ce sanctuaire.

Il conçut le dessein de fonder à Garaison une maison destinée à servir de retraite à des prêtres infirmes, et de résidence à des missionnaires chargés de prêcher dans tout le diocèse les gloires de Dieu et de Marie.

En 1834, M. Laurence, alors vicaire-général et aujourd'hui évêque de Tarbes, fit l'acquisition (1), pour le diocèse, de la chapelle et de ses dépendances appartenant à M. Noguès. Le 11 octobre 1835, l'acte public fut passé, et le jour même, le saint prélat bénit la chapelle et y officia avec toute la pompe pontificale.

Les prêtres du diocèse concoururent à l'envi à la restauration de Garaison. Des missionnaires pleins de talent et de piété reprirent l'œuvre si longtemps interrompue des anciens chapelains.

(1) M. l'abbé de Verdelin, ancien chapelain, et les héritiers de feu M. l'abbé Haderne, curé de Gardères, contribuèrent pour une large part au rachat de la chapelle.

Avec le culte de Notre-Dame, la vie revint à la contrée, naguère si délaissée.

Alors recommencèrent les processions et les pèlerinages des anciens jours. Les dépouilles mortelles d'Anglèze de Sagazan avaient été conservées jusqu'au moment de la Révolution dans le monastère de Fabas. Lors de la destruction des couvents, une pieuse dame de la ville de Franjoie avait sauvé les reliques de la bergère ; sa fille, Mme Figarol, voulut bien les rendre à Garaison. Une procession magnifique ramena, le 5 juin 1838, dans son pays natal, les restes d'Anglèze de Sagazan au milieu des cris de *Vive Marie*, des chants, des cantiques, des acclamations d'une foule immense accourue de toutes parts.

Le souverain pontife vit avec joie se rétablir cette chapelle. Grégoire XVI, par un bref en date du 16 décembre 1839, confirma les indulgences accordées par Urbain VIII. De plus, il y ajouta une indulgence plénière en faveur de ceux qui visiteraient pieusement, et munis des sacrements de l'église, le sanctuaire de Notre-

Dame, l'un de jours des fêtes suivantes : Noël, la Circoncision, l'Epiphanie, Pâques, l'Ascension, la Fête-Dieu, les jours de l'Immaculée-Conception, de l'Annonciation, de la Purification et de l'Assomption de la Vierge.

De nos jours, Garaison, grâce à l'active sollicitude de Mgr Laurence, évêque de Tarbes, a encore reçu de nouveaux embellissements et de nouveaux agrandissements. C'est là que le saint prélat aime à se rendre pour relever l'éclat des grandes solennités. C'est là qu'il aime aussi à se recueillir dans le silence de la solitude, sous l'œil de la Ste-Vierge, pour implorer les lumières d'en haut nécessaires à la direction du troupeau que Dieu a confié à sa haute sagesse.

III

Pèlerinages. — Pratiques de dévotion. — Miracles. Bibliographie.

La dévotion de la Vierge commençait à peine à briller à Garaison qu'elle semblait devoir être condamnée à s'éteindre si la Providence ne l'eût favorisée. La chapelle s'élevait au moment où les souverains du pays déclaraient ouvertement la guerre au catholicisme, et cependant on remarqua dans un certain rayon autour de ce sanctuaire, que l'hérésie, qui faisait partout des progrès, s'arrêta, comme si le Ciel lui eut défendu d'envahir le sol protégé par Notre-Dame.

Les pèlerinages commencèrent dès le jour où une simple croix de bois fut plantée au bord de la fontaine de l'apparition. Le nombre des pèlerins alla toujours croissant. Il était déjà si considérable avant même que l'archevêque Léonard de Trapes eût régularisé le service divin dans cette solitude, *que le diable*, dit un auteur contemporain, *y avoit fait glisser èz jours du concours du peuple, des danses, dissolutions, jeux et ivrogneries.* Les chapelains parvinrent à réprimer ces abus, et leur piété empêcha qu'un lieu de dévotion ne dégénérât en lieu de désordre. Leur zèle fut secondé par les prélats du diocèse qui protégèrent toujours Garaison. L'archevêque Léonard de Trapes y fit construire un petit logement pour lui, et prenait le titre de premier chapelain.

Les pèlerins accouraient non seulement des provinces voisines, mais encore des pays les plus éloignés. Souvent il y arriva de Toulouse des processions de pénitents. Plusieurs villes, comme celles de Rhodez en Rouergue y envoyèrent même de pieuses députations.

Si la foi qui ne peut mourir, si le repentir qui est toujours nécessaire à l'homme déchu, invitent encore les âmes à de touchantes pratiques de dévotion, combien les actes extérieurs de pénitence sont différents de ceux d'autrefois! Un auteur du xviie siècle, dont nous emprunterons presque les expressions, nous fait ainsi un touchant tableau des pèlerins arrivant à Garaison.

Voyez-les, hommes et femmes, enfants et vieillards, pauvres et riches, la tête découverte, les cheveux épars, la face abattue, les pieds nus, un flambeau à la main! On dirait à les voir que c'est la pénitence même qui a pris des corps humains pour se rendre visible. Ils s'approchent et ne marchent pas ; car du plus haut de la colline et dès qu'ils ont vu l'aiguille du clocher, ils ont quitté le commun usage de cheminer des pieds, ils cheminent des genoux, plus propres à implorer le pardon qu'à faire mouvoir ceux qui le viennent implorer. Toutefois, c'est des genoux qu'ils marchent, afin que la marche demande pardon à Dieu, que chacun de leurs pas soit un acte de satisfaction, et qu'ils n'aient d'autre mouvement

ni en l'âme ni au corps que celui de la pénitence.

Dans la chapelle, avec quelle pompe se célé-
braient les saints offices ! Tous les jours la messe
et les vêpres y étaient chantées en musique ;
tous les soirs on y donnait le salut. Cette cérémonie avait lieu, pour nous servir encore des expressions de Molinier, p. 768, « avec une dévotion
sensible et consolation spirituelle de tous les assistants, tant pour le silence de la nuit qui semble
favoriser ce saint exercice, en élevant les cœurs à
Dieu, que par les louanges de la Vierge, que les
voix, les violes, et les orgues y font retentir à
qui mieux mieux, louanges qui remplissent
l'oreille de suavité, l'esprit de délectation, et encore pour les bénédictions particulières que la
Vierge répand à cette heure dans les âmes de
ceux qui la louent en même temps que le Ciel fait
couler sur la terre ses humides rosées. » On y
chante tous les soirs en musique les litanies de la
Vierge, l'*Ave, Maris Stella*, et, les vendredis, le
Stabat, et, en outre, quelque beau mottet. Ensuite
de ceci, l'un des enfants de chœur propose à

haute voix à l'assemblée cinq points de méditation. Dans le premier, on remercie Dieu de ses bienfaits ; dans le second, on lui demande la lumière nécessaire pour connaître tous ses péchés ; dans le troisième, on s'excite à l'examen de la conscience et au repentir de toutes les fautes passées ; le quatrième consiste dans une ardente prière pour demander la grâce de ne plus retomber dans le mal ; le cinquième est une méditation profonde des quatre fins de l'homme : la Mort, le Jugement, l'Enfer et le Ciel. Un prêtre prend ensuite la parole et fait aux pèlerins une pieuse exhortation.

C'est surtout au moment de la sainte communion qu'une harmonieuse musique se fait toujours entendre, comme si les chants de la terre voulait s'unir aux réjouissances des anges pour célébrer le retour d'une âme au bercail, le retour de l'enfant prodigue à la maison paternelle.

La foi était vive, la prière ardente, et les miracles nombreux. Les bornes de cet ouvrage ne nous permettent pas de reproduire ici le récit complet de la série de toutes les merveilles accomplies dans la dévote chapelle depuis sa fondation jusqu'à nos jours.

Les derniers faits seraient peut-être les plus intéressants, parce qu'ils sont contemporains, parce qu'ils sont constatés par des missionnaires dont les hautes lumières sont connues, parce que les personnes honorées des faveurs du ciel sont encore vivantes.

Mais il faut les laisser redire aux saints prêtres (1) qui les ont vus, et, d'ailleurs, chaque jour ne révèle-t-il pas de nouveaux témoignages de la bonté de Dieu, éternelle comme sa puissance ?

« Les images, dit un vieil auteur, sont les livres des ignorants, qui, ne sachant pas lire, voient ès images ce que les savants lisent ès livres. » Aussi, l'église employait-elle jadis la sculpture et la peinture pour raconter aux yeux du peuple ce qui était propre à l'instruire ou à l'édifier. Sur la voûte de la chapelle de Garaison,

(1) Voir dans le *Lys de Garaison*, dernière édition, 1847, p. 164, le récit des miracles opérés depuis la réouverture de la chapelle en 1835.

on avait eu soin de peindre les principaux miracles accomplis en ce saint lieu. Ces tableaux, au nombre de cinquante-trois, ont été respectés par le temps.

Nous allons en donner une explication rapide, en suivant l'ordre adopté par les derniers auteurs qui ont écrit sur ce sujet, et en empruntant les détails des faits aux auteurs les plus anciens, souvent témoins oculaires de ce qu'ils rapportent.

Molinier a accompagné ces touchants récits de preuves qui les constatent et de réflexions morales qui peuvent édifier les âmes.

La relation des merveilles opérées par l'intercession de Marie est appuyée de la reproduction d'actes publics, tous déposés alors aux archives de la chapelle, et de la déclaration de témoins, tous portant des noms connus de plusieurs personnes vivant à cette époque.

Sur la voûte en entrant :

Nᵒˢ 1, 2, 3. Les trois premiers tableaux représentent les trois apparitions de la Vierge à Anglèze de Sagazan.

Nº 4. *Un gentilhomme au bord d'une fontaine tient d'une main un faucon, et, de l'autre, un cheval qui tombe dévoré par les flammes.*

Méric de Bazus, chassant un jour dans les landes de Garaison, voulut faire boire son cheval à la sainte fontaine ; ce n'était point par mépris, mais par une coupable inadvertance. Aussitôt l'eau se change en flammes qui brûlent le cheval et l'oiseau. Le gentilhomme fut épargné pour qu'il pût raconter ce prodige. « J'ai parlé, dit Molinier, p. 261, à une demoiselle de cette noble famille, nommée Françoise de de La Tour, femme de M. de Bousson, petite fille du personnage à qui l'accident arriva, qui m'a protesté devant le Saint Sacrement l'avoir appris de sa propre bouche. »

Nº 5. *Un homme est assassiné à coups de poignards par deux voleurs.*

Ce malheureux, laissé pour mort, fait un dernier effort pour former un vœu à Notre-Dame de Garaison ; aussitôt ses forces renaissent, et il retrouve une plaine et entière guérison.

Nº 6. Un homme, blessé mortellement au

gosier d'un coup de flèche, se voyant abandonné des médecins, implore la Vierge de Garaison, et sa blessure se guérit.

N° 7. C'est encore un homme blessé d'un coup de flèche au bas-ventre qui obtient sa guérison par l'intercession de la Vierge.

N° 8. Une autre peinture, d'après Molinier, représente un orage épouvantable qui surprend en pleine mer un navire et le met en danger de périr. L'air brille du feu des éclairs ; le ciel lance la foudre, les vagues touchent les nues, la mer ouvre ses abîmes, les vents et les vagues grondent avec un bruit effroyable, et tout annonce un naufrage prochain. Déjà les voiles sont déchirées, les antennes brisées, les cordages rompus, l'eau entre de toutes parts, les avirons ne jouent plus, les flots ont vaincu les rames, le matelot cède à la violence de la tempête et tombe dans le désespoir. Au moment de périr, ces malheureux élèvent les yeux au ciel qu'ils ne voient qu'à travers les éclairs. Ils invoquent la Ste-Vierge et se vouent à Notre-Dame de Garaison ; et leur dévotion est si ardente qu'elle fléchit le Seigneur ; elle est si forte qu'elle surmonte le péril ; elle est si heureusement accueillie qu'elle les ramène au port sous les auspices favorables de l'étoile de la mer.

N° 9. *Un gentilhomme en habit rouge et un cheval.*

Ce gentilhomme huguenot, nommé de Savaillan, voyant une image de la Vierge au-dessus de la fontaine des miracles, pointe sa lance, pique de l'éperon et s'élance pour la percer. Tout-à-coup le cheval s'enfonce dans la terre. Son maître voit qu'il ne peut parvenir à expliquer ce fait que par un prodige, il se convertit et devient catholique fervent. C'est un ami de Savaillan, M. de Montagut, neveu du maréchal de Roquelaure, qui a certifié cette merveille à Molinier lui-même.

N° 10. *Un hérétique accompagné de trois écuyers s'efforce en vain de détruire l'image de la Vierge.*

Durant les troubles de la Ligue, le capitaine

de Sus, dont le nom a acquis une terrible célébrité dans nos contrées, surprit avec ses soldats la chapelle de Garaison. Les Huguenots commencèrent à tout piller. Voyant que l'image de la Vierge, loin d'être d'un métal précieux, était simplement en bois, ils la jettèrent dans un bûcher pour la détruire. Le bûcher brûla deux heures ; lorsqu'il s'éteignit, les catholiques retirèrent la sainte image qui n'avait reçu aucune atteinte. Molinier ajoute (p. 268) : celui qui m'a raconté la merveille pour l'avoir vue m'a protesté qu'il fut l'un de ceux qui tirèrent l'image du feu.

N° 11. *Un marchand de Toulouse en habit de pénitent. Inscription : Contrition extraordinaire en 1608.*

Cet homme s'était abandonné depuis plusieurs années à tous les désordres. Un jour, par curiosité, il se mit à parcourir un récit imprimé des merveilles opérées par Notre-Dame de Garaison. Cette lecture lui fit faire de sérieuses réflexions ; il prit aussitôt la ferme résolution de changer de vie, et promit à la Vierge, s'il obtenait la grâce de se corriger, d'aller visiter sa chapelle en habit de pèlerin, les pieds nus, se traînant à genoux, tenant à la main un grand cierge. Les liens des mauvaises habitudes qui naguère lui paraissaient impossibles à rompre, se brisèrent tout-à-coup; et l'éclat de sa pénitence égàla le scandale de sa conduite passée.

Peintures sous l'arcade de la voûte au-dessus du premier confessionnal :

N° 12. *Un homme préservé d'un naufrage.*

Le 9 novembre 1609, Pierre Gaye, domestique de l'archevêque d'Auch, tomba dans une rivière débordée. Entraîné par le courant des eaux rapides, il allait périr lorsqu'il fit un vœu à Notre-Dame de Garaison. Ce vœu lui sauva la vie, et il se hâta de venir remercier la Vierge de ce bienfait.

N° 13. *Une jeune fille sauvée des eaux.*

En 1605, une jeune fille de dix à douze ans, nommée Peyroune Tajan, du lieu d'Arné, voulut traverser sur une simple planche la rivière du Gers, grossie par des pluies considérables. A peine elle était sur ce pont mobile, qu'un tourbillon de vent la saisit et la précipite dans l'eau. La pensée de l'enfant s'éleva aussitôt vers Notre-Dame de Garaison ; et le flots qui devaient l'engloutir lui servirent de nacelle, et elle se sentit portée sur la rivière sans crainte et même avec plaisir. Sauvée de cet éminent péril, elle en a elle-même raconté les détails à Molinier qui les rapporte.

N° 14. *Représentation du coffre rempli de pain miraculeux dans la maison Sagazan.*

Sous le premier arceau en entrant :

N° 15. *Une femme soutenue par deux béquilles.*

En 1602, Rose de Barbadie, de St-Justin, en Pardiac, souffrait depuis huit mois d'un mal qui avait rendu son pied droit difforme et avait même mis sa vie en danger. Elle se traîne à Garaison soutenue par deux béquilles, et obtient une guérison soudaine et complète en présence de nombreux témoins qui le certifient.

N° 16. *Dame guérie d'une maladie d'yeux.*

Magdeleine de Chauvet, femme de M. Buet,

conseiller au parlement de Toulouse, était menacée de perdre la vue. Les médecins avaient déclaré son mal incurable. Elle envoya, en offrande à la Vierge de Garaison, deux yeux d'argent, et fit d'ardentes prières. Huit jours après son vœu, elle était merveilleusement rétablie.

N° 17. *Malade guéri.*

Un homme du lieu de Hachan était retenu depuis trois ans dans son lit par une maladie rebelle à toutes les ressources de l'art. Une de ses filles, âgée de 13 ans, fit pour lui un vœu à Notre-Dame, et aussitôt le père fut remis, et on le vit, quelque temps après, menant par la main son enfant accompagnée de neuf autres jeunes filles du même âge, toutes les cheveux épars, et un flambeau à la main, offrir des prières et des actions de grâces à la Vierge qui l'avait rendu à la santé et à la vie.

N° 18. *Homme guéri d'ulcères à la jambe.*

M. d'Arsilas d'Estansans souffrait depuis trois ans d'ulcères à la jambe. Ne pouvant obtenir soulagement des médecins, il met toute son

espérance en Dieu. Il s'achemine vers la chapelle, y reçoit les sacrements, et bientôt ses
ulcères se ferment, et sa guérison est complète·

N° 19. *Dame guérie d'une hémorrhagie.*

M. Lacome, que la peinture représente en
costume de magistrat, avait fait un vœu à Notre-
Dame en faveur d'une malade, qui recouvra la
santé par l'intercession de Marie. Le vœu fait
en 1647 fut accompli en 1666.

N° 20. *Femme qu'on retrouve vivante sous
la neige.*

Au mois de mars 1603, une avalanche épouvantable tomba sur le village d'Aulong, dans la
vallée d'Aure. Toutes les maisons furent renversées, tous les habitants furent écrasés sous
les décombres. Une fille, nommée Jeannette
Marsan, dans ce péril extrême, s'adressa à Notre-
Dame de Mont-Serrat et de Garaison. Ensevelie
sous une montagne de neige le samedi, on l'en
retirait vivante le mardi suivant. La famille
Marsan existe encore. Lors de la réouverture
de la chapelle, elle s'empressa d'y envoyer une

offrande comme souvenir du bienfait jadis accordé
par la Vierge à une personne de cette maison.

N° 21. *Aveugle guéri.*

Guillemette Fourcade, de Villeneuve-Rivière,
était affectée depuis deux ans d'une cécité
presque complète. Un vœu adressé à Notre-
Dame de Garaison lui fit recouvrer tout-à-coup
la vue au mois de septembre 1604.

Second arceau en entrant :

N° 22. *Un homme soutenu par une béquille
et ayant les pieds difformes.*

Pierre de Villa, du lieu de Malabat, qui,
depuis un an et demi, pouvait à peine marcher,
parce qu'il avait les pieds entièrement tournés,
fit vœu de venir à Garaison, et le vœu fait, dit
Molinier, il se trouva dans trois jours si parfaitement guéri, qu'il accomplit son pèlerinage à
pied, faisant jusqu'à sept lieues dans un jour.
il affirma cette déclaration le 21 août 1610, en
présence de nombreux témoins.

N° 23. *Femme guérie d'un mal au pied.*

Jeanne Fontan, de Poeydarrieux, travaillait

aux champs, lorsqu'une énorme épine pénètra profondément dans son pied. Une inflammation considérable s'était déclarée, et l'on redoutait la gangrène. Elle eut recours, dit Molinier, à deux ou trois chirurgiens qui, la traitant successivement et l'un après l'autre durant l'espace de cinq mois, épuisèrent sa bourse sans alléger ses souffrances; et comme il arrive souvent en voulant guérir sa maladie, ne firent que la blesser dans ses intérêts. Voyant que son bien diminuait et que le mal augmentait, elle résolut de ne pas avoir recours à d'autre remède que la patience qui ne coûte pas de l'argent, et qui, si elle ne guérit pas la douleur, la rend plus supportable.

Cependant, effrayée des progrès de sa plaie, menacée même dans sa vie, elle fit un vœu à Notre-Dame et se traîna sur deux béquilles à Garaison la veille de la Nativité de la Vierge en 1606. A peine eut-elle dévotement accompli son vœu, qu'elle se leva guérie. Elle courut, transportée de joie, suspendre à la muraille ses béquilles inutiles, comme un trophée des merveilles de Notre-Dame.

N. 24. *Vœu accompli par des religieux pour un maréchal de France.*

La peste, en 1608, sévissait à Bordeaux. Le maréchal Orlano fut gravement atteint par le fléau. Ce noble seigneur aussi distingué par sa piété que par sa bravoure, comprit que l'art était impuissant pour triompher du mal et qu'il ne pouvait espérer la santé que de Dieu seul. Il avait lu le récit imprimé des merveilles opérées à Garaison par l'intercession de Marie, c'est à elle qu'il fit un vœu. *Or, ce qu'il faut ici remarquer, dit Molinier (p. 299), c'est que, non seulement sa propre dévotion lui suggéra ce vœu, mais encore le conseil des médecins, quoique quelques-uns d'entre eux n'aient accoutumé de s'élever plus haut que la nature, ni de chercher des remèdes autre part qu'en la terre, n'étendant bien souvent leur foi qu'autant que se peut étendre leur vue, et imputant au vice d'une imagination lésée tout ce qui surpasse la faiblesse de là leur.* N'ayant pas d'espoir de sauver l'illustre malade par les moyens naturels, ils l'engagèrent à recourir à des secours surnaturels.

A peine son vœu à la Vierge eut-il été prononcé qu'il se sentit sauvé. Retenu par d'impérieux devoirs qui l'empêchaient de se rendre lui même à Garaison, il y envoya de Bordeaux neuf religieux de St-François. Cette députation pieuse arriva à la chapelle le jour de la Visitation, accompagnée d'une procession de l'église de Montléon et de toute la noblesse du voisinage. Pendant neuf jours, ces neuf religieux, aidés de trois prêtres, célébrèrent chaque matin douze messes en l'honneur des douze apôtres, et ils laissèrent pour orner l'autel trois lampes d'argent comme témoignage de la reconnaissance du maréchal Orlano.

N° 25. *Un père et une mère avec leur fille guérie.*

Jean Mathieu de Noguès avait une fille qu'un mal à la figure rendait hideuse. Grâce à un vœu à la Vierge, la jeune fille fut guérie, et le père et la mère firent avec leur enfant un pèlerinage à Garaison pour rendre grâce à Dieu.

N° 26. *Epileptique guéri.*

Un jeune homme de Nay était affligé d'attaques fréquentes d'épilepsie ; il fut voué par ses parents à la Vierge, et depuis ce moment il fut affranchi de tout mal.

N° 27. *Une femme malade est soutenue par une autre personne, tandis qu'une troisième est en prières.*

Une dame, veuve de Jean La Fourcade, avait fait vœu, le 22 août 1610, d'aller avec la procession à Garaison. Elle changea ensuite d'idée et ne voulut plus remplir son vœu. Elle fut punie par des attaques soudaines d'épilepsie. Ayant compris qu'elle avait violé une promesse sacrée, elle se rendit auprès de l'image de la Vierge, remplit tous ses devoirs religieux et obtint une guérison complète.

N° 28. *Une dame guérie.*

Marie d'Estarac, femme de M. Tramond, fut atteinte, pendant sa grossesse, d'une pleurésie si violente, que les médecins ne doutèrent pas de la perte de la mère et de l'enfant. Pendant les angoisses d'un accouchement laborieux, elle promit à la Vierge que, si elle était sauvée et si elle mettait au monde un fils, cet enfant serait voué à perpétuité au service de sa chapelle de Garaison. Voilà que cette femme, qui semblait près d'expirer, accouche d'un enfant mâle le jour de l'Annonciation. Reconnaissante envers la divine consolatrice des affligés, elle vint avec son mari offrir l'enfant à l'autel de Marie le 6 mai 1611.

Nᵒ 29. *Homme blessé, miraculeusement guéri.*

Un gentilhomme, nommé Jean de Boubènes, avait reçu un coup de poignard à travers le corps. Cinq médecins déclarèrent que sa blessure était mortelle. Il souffrait d'horribles douleurs qui semblaient ne devoir finir qu'avec sa vie. Il se recommande alors avec une grande ferveur à Notre-Dame. Peu de temps après, il allait la remercier de son entier rétablissement.

Voûte comprise entre le troisième et le quatrième arceau :

N° 30. *Le prieur d'un couvent.*

Le P. Arnoux, prieur du couvent de Ste-Croix, dit de St-Orens, à Toulouse, était atteint d'une grave infirmité aux jambes, et le mal, *par la possession de vingt années , semblait avoir acquis droit et titre de tenir bon contre tous les remèdes.* Il fit vœu de venir à pied à Garaison implorer la Vierge. Il ne pouvait marcher sans souffrir; un long voyage à pied de plus de quinze grosses lieues auraient dû aggraver son mal, et cependant il le guérit, Dieu voulant, par un miracle, récompenser la foi de ce bon religieux.

N° 31. *Une mère avec ses deux enfants.*

Le 7 mai 1611, Marie d'Estival, femme de M. Fortis, avocat à Auch, venait visiter par dévotion la chapelle de Garaison. Ses deux fils, l'un de 15 ans et l'autre de 10, étaient montés sur une jument. En passant sur un pont, près d'un moulin, la jument glisse et tombe. Quel affreux moment pour la mère! Ses enfants sont écrasés sans doute par la bête qui a roulé sur eux, ou bien ils sont noyés dans les rivières profondes! La Vierge a écouté son ardente prière, et les deux enfants sortent de l'eau sans aucun secours et même sans que leurs vêtements soient mouillés.

Troisième portique donnant sur l'entrée de la nef :

N° 32. *Un homme sauvé d'un naufrage.*

Un gentilhomme du Béarn, Daniel Pérer, de Bentayou, allait rejoindre en Piémont le régiment du baron de Navailles, sous lequel il servait comme enseigne. Le 21 juin 1641, passant une journée à Mèzes, dans le Languedoc, il alla se promener avec quelques camarades sur le bord d'un étang qui s'étendait jusqu'à la mer. Le ciel était serein ; les eaux tranquilles étaient à peine frisées par une brise légère. Un petit esquif s'offrait à eux sur le rivage ; il n'avait ni rames ni gouvernail, mais le temps paraissait si beau, l'onde si calme, que ces jeunes gens se laissèrent aller au plaisir de faire une promenade sur l'eau. Cet élément perfide trompe souvent par de fausses apparences ; voilà que tout-à-coup un tourbillon jette l'esquif avec ceux qu'il portait de la rive au milieu du lac, et du lac dans la mer même où le lac aboutissait.

Nos militaires étaient habitués à braver les dangers, et cependant ils pâlirent en se voyant lancés sur une mer agitée, sans rames et sans avirons, c'est-à-dire sans armes pour résister aux vagues et pour se défendre du naufrage. Quoiqu'il fût huguenot, Pérer s'adressa à Notre-Dame de Garaison dont il avait entendu raconter les miracles, et il fit vœu de se convertir s'il avait le bonheur d'échapper à la mort. Aussitôt, comme si l'onde irritée eût reçu l'ordre de s'apaiser, l'orage cesse, les vents se taisent, et le bateau vient aborder sans peine à une côte jugée jusqu'alors inaccessible.

Quelque temps après, Daniel Pérer redisait cette merveilleuse aventure à des officiers de son régiment. Il croyait les convertir, mais ils le raillèrent tellement de sa faiblesse d'attribuer à un miracle un effet du hasard, que lui-même, perverti par leurs paroles, oublia son vœu et sa bonne résolution.

Huit jours après, il fut frappé d'une maladie

violente. Averti par la souffrance que l'homme, rapide passager sur la terre, doit rendre compte un jour à Dieu de sa conduite, il se repentit d'avoir violé la promesse faite au moment du danger. Il la renouvela avec le ferme propos de l'exécuter si sa santé le lui permettait encore. La bonne Vierge qui l'avait sauvé du naufrage le délivra de sa maladie. Dès qu'il put sortir de son lit, il se hâta de faire son abjuration. Plus tard, il se rendit en pèlerinage à Garaison où il raconta ces faits à plusieurs témoins, et notamment à Molinier lui-même qui, en ce moment (1644), s'occupait d'une édition nouvelle de son livre.

N° 33. *Un religieux de l'ordre de St-Dominique jette à terre ses béquilles dont il n'a plus besoin.*

Ce religieux était perclus de tous ses membres : c'est à l'intercession de la Vierge qu'il dut sa guérison en 1693.

Sous le quatrième arceau en face la porte d'entrée.

N° 34. *Un paralytique guéri.*

Un gentilhomme, nommé Philippe de Reiniès, des environs de Muret, était privé depuis deux ans de l'usage de ses membres à la suite d'une paralysie. Abandonné des médecins qui jugeaient son mal incurable, il fait un vœu à la Vierge ; on le porte à Garaison, et, pendant que, le 23 octobre 1619, il était en prières à la chapelle, il lui semble que ses membres sont délivrés des liens invisibles dont ils étaient enchaînés ; il se lève, s'élance transporté de joie et va se prosterner au pied du grand autel en chantant les louanges de Jésus et de Marie.

N° 35. *Un religieux de St-François guéri d'une maladie d'yeux.*

Un religieux de l'ordre de St-François, le P. Darier, était affligé depuis douze ans d'une ophthalmie dont la science humaine ne pouvait ni calmer les douleurs ni atténuer la gravité. La nécessité de couvrir constamment un œil le gênait dans la prédication. Il implora l'intercession de Marie, après avoir dévotement célébré la messe à Garaison, il frotta son mal avec de l'huile puisée à l'une des lampes qui brûlent devant le grand autel, et aussitôt son mal disparut.

Nº 36. *Une femme délivrée après un accouchement laborieux.*

Jeannette de Mamous, de Souberre, diocèse d'Aire, éprouva un accident qui fit périr le fruit qu'elle portait. Pauvre mère, tombeau vivant de son enfant mort, elle ne pouvait se délivrer de son fardeau, et sa vie était en danger ! Depuis huit jours elle endurait d'horribles souffrances ; elle fait un vœu à Notre-Dame de Garaison, et soudain ses souffrances s'apaisent et sa délivrance a lieu sans effort.

Nº 37. *Un malade miraculeusement guéri.*

Un jeune homme de vingt-neuf ans, des environs de Bordeaux, nommé Nicolas Plantey, avait éprouvé à l'âge de treize ans un accident à la suite du quel les nerfs de la cuisse gauche se contractèrent ; une jambe demeura plus courte que l'autre et devint sèche et flétrie.

Mettant dans Notre-Dame sa dernière espérance, sontenu de deux béquilles, il s'achemine vers Garaison. Après un long voyage, arrivé à deux lieues de la chapelle, il lui semble que loin d'éprouver de la fatigue, il ressentait déjà un bien-être inaccoutumé ; ses nerfs si longtemps rétrécis reprennent toute leur élasticité ; transporté de joie il précipite sa marche, il remplit tous ses devoirs de chrétien, et aussitôt il se lève aussi droit, aussi fort, aussi agile qu'avant l'accident dont il avait souffert pendant tant d'années.

N° 38. *Un malade dans son lit et la dame priant à genoux à ses côtés.*

Mme de Serres, de Toulouse, obtint en 1688 la guérison de son mari par un vœu fait à Notre-Dame de Garaison.

N° 39. *Un homme guéri.*

Pierre Lassus, de Toulouse, à la suite d'une maladie violente devint si infirme qu'il ne pouvait redresser son corps tout voûté ni se tenir sans aide sur ses pieds. Il fait un vœu à la Vierge ; avec beaucoup de difficultés, il se traîne à Garaison où il arrive le 30 juillet 1602. Le lendemain, jour de dimanche, il se rend à la chapelle pour y entendre la sainte messe. Pendant qu'il suit avec une vive ardeur les prières du saint sacrifice, un tremblement nerveux le saisit, il est en proie à des convulsions, il s'écrie : Marie, aidez-moi! et tombe évanoui. Chacun s'empresse autour de lui, mais quel étonnement lorsqu'au moment de la consécration le malade se lève tout-à-coup et se met à marcher sans aucun secours.

N° 40. *Une demoiselle guérie.*

Naudine Daguerre, femme de M. François Chastelet, de Bordeaux, était atteinte depuis six mois d'une surdité que les médecins ne pouvaient guérir. Elle se rendit en pèlerinage à Garaison. En entrant dévotement dans la chapelle, elle entendit le son de l'horloge, et, depuis lors, son infirmité a complètement disparu.

N° 41. *Un prêtre guéri.*

Un jeune étudiant de Toulouse, Pierre Marques, fut affligé, au mois de février 1609, d'un mal au pied qui prit un caractère si alarmant, qu'on désespérait de sauver sa vie. Au milieu de ses souffrances, il pria la Vierge, il fit vœu, si elle lui rendait la santé, de se faire prêtre et d'aller à Garaison célébrer sa seconde messe immédiatement après son ordination. Ce vœu ne fut pas plus tôt conçu dans son âme qu'il en ressentit les effets dans son corps; il guérit et remplit sa promesse au mois de juin 1615.

N° 42. *Un homme sauvé de la potence.*

Postal, de Toulouse, fut pris pendant les guerres de religion par les Huguenots. Ils ne le tuèrent pas sur-le-champ, mais ils n'acceptèrent pas de rançon et le réservèrent pour servir de victime à leur fureur, de spectacle à leur inhumanité. Un gibet est planté, une corde apprêtée, une échelle dressée, le prisonnier plein des angoises d'une mort cruelle est conduit au supplice. Déjà il est attaché à la potence; déjà la corde enlacée autour de son cou commence à lui fermer le passage de la respiration et de la vie; dans cette extrémité, il se souvient de la Vierge et il l'invoque, tandis que sa pauvre mère, effrayée du sort de son fils, le vouait à Notre-Dame de Garaison. Cette double prière fut exaucée. La corde se rompt, le patient est libre, le bourreau confondu, et les spectateurs sont frappés d'étonnement. Attribuant au hasard ce véritable miracle, ils ordonnent à l'exécuteur de continuer son office. Le prisonnier est saisi de nouveau, et un nœud plus fort lui étreint le cou, mais la corde se rompt encore et le bourreau voit son second effort aussi vain que le premier. Les assistants hérétiques s'obstinent à vouloir faire périr celui que Dieu veut sauver. Ils cherchent à exciter l'exécuteur en l'accusant de lâcheté, d'ignorance du métier, de connivence avec le catholique. La corde est serrée une troisième fois avec plus d'énergie, mais non avec plus de succès ; elle se brise dans les mains du bourreau furieux et surpris de l'impuissance de ses tentatives. Enfin, le catholique, protégé par une intercession puissante, obtient grâce, et il a le bonheur de pouvoir aller accomplir son vœu à Garaison.

Molinier, qui donne les détails de ce fait, les tenait de Postal lui-même.

N° 43. *Les religieux de Toulouse.*

Un garçon de cuisine eut un jour l'infernale pensée de jeter du poison dans la soupe servie à toute la communauté de St-Orens à Toulouse. Les religieux, en sortant de table, éprouvèrent des symptômes violents et des convulsions cruelles. De nombreux médecins accoururent, mais tous les contre-poisons ne purent combattre les ravages du mal. Les moines alors firent un vœu à Notre-Dame, et bientôt, guéris contre toute espérance, ils se rendaient processionnellement de Toulouse à Garaison pour remercier à celle qui les avait délivrés d'un extrême péril. Un de leurs prédicateurs, du haut de la chaire, attesta la vérité de cette merveille.

N° 44. *Un homme guéri miraculeusement.*

M. de Grazel, de Sarlat, tomba gravement malade en 1629. Jetant les yeux sur une image de la Vierge qu'il avait rapportée d'un pèlerinage à Garaison, il fit un vœu à Notre-Dame et il fut bientôt guéri.

Il se rendit dévotement à la chapelle pour y faire offrande de deux chandeliers d'argent et d'une ode latine dans laquelle il célébrait le miracle dont il avait été l'objet.

Nº 45. *Un religieux.*

Cette peinture est sans date ni inscription qui permette de savoir à quel événement elle fait allusion.

A la naissance de la voûte et sur la face latérale de l'arceau qui la soutient, au fond du vestibule :

Nº 46. *Un prêtre, presque aveugle, guéri.*

Antoine de Laserre, prêtre de St-Sulpice, du diocèse de Rieux, affecté depuis deux ans d'une cécité presque complète, offre un vœu à la Vierge. Il fait un premier, un second voyage à Garaison, et il n'obtient aucun soulagement. Cependant, sa confiance en Dieu ne se ralentit pas, il tente un troisième pèlerinage, et un jour, qu'après avoir prié, il sortait de la chapelle conduit par un guide, il sentit tout-à-coup ses yeux se débarrasser d'un épais brouillard et s'ouvrir à la douce clarté des cieux.

Il revint, quelque temps après, jouissant complètement de la vue, rendre des actions de grâces à Dieu et à la Vierge dans le saint lieu où il avait trouvé sa guérison.

N° 47. *Un médecin obtient la guérison de sa fille.*

Une petite fille, âgée de quatre ans, était devenue aveugle à la suite de la petite vérole. Son père, M. Cartier, médecin de Castelsarrasin, voyant que tous les remèdes étaient impuissants, voua son enfant à Notre-Dame de Garaison, et aussitôt sa fille recouvra la vue dont elle semblait devoir être à jamais privée.

N° 48. *Députation de la ville de Rhodez préservée de la peste.*

Le 15 août 1628, jour de l'Assomption, on vit arriver de bien loin, de Rhodez, une députation composée d'un consul, de deux jésuites et de deux habitants notables. Ils venaient offrir, au nom de tout le corps de ville, une chasuble de velours rouge à fond de satin bleu avec les armes de Rhodez, en actions de grâces de la protection visible de Notre-Dame de Garaison qui, sensible à leurs prières, avait préservé leur cité du fléau qui avait ravagé tous les environs.

Le consul, nommé Radat, confirma le miracle de la guérison d'une fille paralysée depuis deux ans et complètement rétablie à la suite d'un vœu à Garaison.

N° 49. *Un prêtre guéri.*

Dominique Sarrère, prêtre du diocèse de Rieux, éprouva un jour à la chasse un horrible accident; sa langue fut fendue. Pendant trois semaines, il ne pouvait rien manger et il souffrait quand on lui faisait avaler du bouillon. Les médecins voulaient lui faire subir une opération douloureuse, à laquelle il ne pouvait se résoudre. Il invoque Notre-Dame de Garaison. Il s'endort en lui offrant ses vœux, et le lendemain à son réveil il se trouve merveilleusement guéri.

N° 50. *Un religieux de St-François guéri d'une hydropisie.*

Le P. Guillaume Laville, religieux de l'ordre de St-François et gardien du couvent de Villeneuve-d'Agen, fut atteint d'une hydropisie qui fit des progrès effrayants. Voyant que la science des plus habiles médecins avait été vaine pour arrêter son mal, il eut recours à la dernière ressource des malades, aux empiriques, qui, comme dit Molinier, présumant beaucoup de leur aveugle expérience, osent tout, promettent davantage, mais répondent rarement à leurs promesses et à nos espérances. Le religieux fut bientôt condamné par tout le monde; alors il mit sa dernière espérance dans l'intercession de la Vierge de Garaison, il lui fait un vœu, et voilà qu'aussitôt les symptômes graves qui menaçaient sa vie s'arrêtent. Revenu à la santé au grand étonnement de tous les médecins, il se hâta d'aller visiter la chapelle des miracles, et d'y déposer la corde dont il s'était ceint pendant la maladie qui avait failli le conduire au tombeau.

N° 51. *Une dame sauvée d'un naufrage.*

Antoinette Faveau, veuve de M. Baille, avocat au parlement de Toulouse, était embarquée dans un frêle bateau le 14 mars 1618, avec son fils âgé de trois ans, deux de ses servantes et environ dix-huit autres personnes. La Garonne avait été grossie par la fonte des neiges et par des pluies extraordinaires. La barque qui portait cette dame alla heurter contre un grand bâtiment chargé de sel. Le choc fut si violent que le bateau disparut dans les flots, la dame saisit un

morceau de bois et se soutint au-dessus de l'eau
ainsi que la bonne qui tenait l'enfant. L'autre
servante, le batelier et douze personnes étaient
parvenues à regagner le grand vaisseau. La mère,
l'enfant et ceux qui étaient restés avec elle sur
la barque enfoncée n'avaient que la tête au-
dessus des vagues. Dans ce péril extrême, malgré
son effroi de se voir suspendue sur l'abîme prêt
à l'engloutir, cette dame n'oublie pas de jeter
vers le ciel l'ancre de l'espérance. Dieu, qui
voulait la sauver, lui donne la pensée de l'implorer par l'intercession de la divine Marie, elle
s'adresse à Notre-Dame de Garaison. Les nau-
fragés répondent à ses prières et tous implorent
les secours de l'étoile de la mer. Sur le grand
vaisseau, la cause de cet accident funeste, les
passagers étaient huguenots. En entendant des
voix suppliantes invoquer l'appui de la Vierge
contre la mort, loin d'écouter un sentiment de
compassion et d'humanité, ils restent spectateurs cruels joignant la raillerie au blasphème.
« Ils appellent disaient-ils Notre-Dame de Garaison au secours, voyons si elle pourra les entendre
et si elle viendra les sauver!... » Dieu voulut

récompenser la foi et punir l'impiété; pendant que le grand bâtiment était englouti avec toute sa charge, le léger bateau entraîné sous l'eau, le mât renversé, les voiles noyées abordait à bon port au rivage.

La dame Baille et une dame de Guaise, qui était avec elle au milieu du naufrage, rendirent grâce à Notre-Dame de Garaison et attestèrent ce miracle.

N° 52. *Un gentilhomme guéri d'un ulcère.*

Un noble seigneur, Raymond de Boretge, de Cérison, fut affligé à la jambe d'un ulcère si grave, qu'il était condamné par la science à perdre la jambe ou la vie. L'amputation d'un membre, les horribles douleurs de l'opération effrayaient tellement le gentilhomme, qu'il pria le médecin d'attendre que Dieu lui eût donné la force d'endurer de si cruelles souffrances. Au moment où il souhaitait presque la mort pour mettre fin à ses maux, il aperçut sa femme absorbée dans une méditation profonde. Il lui en demanda la cause, elle lui répondit qu'elle adressait en sa faveur un vœu à **Notre-Dame de Garaison.** Il se joignit avec ferveur à ce vœu qui fut suivi d'une guérison soudaine et inespérée.

Le 15 février 1637, il se rendit à la chapelle pour accomplir sa promesse et faire la déclaration de ce miracle.

N° 53. *Un aveugle guéri.*

Domengé Labarthe, de Pouzac, fut surpris d'une maladie qui le priva complètement de la vue. Depuis cinq semaines, la cécité persistait. Comme son mal augmentait et que sa patience commençait à faiblir, il demanda à Dieu le soulagement de sa triste infirmité que n'avaient pu vaincre les forces de la nature et de l'art. Il se voue à Notre-Dame de Garaison et lui promet de venir la servir pendant quelque temps dans sa chapelle si elle lui rend l'usage de ses yeux. Aussitôt, le nuage qui obscurcissait sa vue se dissipe. Rendu à la joie et à la lumière, il s'empresse d'acquitter sa promesse, et il reste plus d'une année au service de celle dont il tenait une faveur si précieuse.

Ce récit incomplet des merveilles opérées à Garaison par l'intercession de la mère de Dieu, montre que les pèlerins accouraient vers cette chapelle de toutes les parties de la France.

Ce sanctuaire de la Vierge est, de nos jours, le plus renommé de Bigorre et peut-être des Pyrénées.

Il était déjà un des plus célèbres du temps de Molinier. « Trois chapelles, disait-il (p. 169), « qui commencent d'être en réputation depuis « quelque temps en ce quartier, celle de Bétha- « ram, celle de Buglose, celle de Verdelay, en « Bordelais, se peuvent appeler à juste titre les « filles de Garaison, non quant à la structure « des chapelles qui est ancienne, mais quant à « la dévotion qui s'y est dérivée de Garaison « par propagation ou par imitation. Par pro- « pagation, celle de Bétharam à qui Garaison a « donné les ouvriers qui la cultivent avec tant « de succès; par imitation, celle des deux autres, « deux à qui son exemple a inspiré le courage « de lever la tête du tombeau qui les enfer- « mait. »

Les institutions nouvelles, fondées à Garaison par Mgr Laurence, les missionnaires distingués qui répondent si bien aux intentions du prélat vénéré, promettent à ce lieu de dévotion que la piété populaire ne lui sera jamais infidèle.

BIBLIOGRAPHIE.

Molinier parle dans plusieurs passages de son livre (p. 299 et 305), d'un *petit imprimé* publié sur les miracles du lieu de Garaison. L'ouvrage le plus complet est celui de Molinier lui-même intitulé : *Le Lys du Val de Garaison*, in-8°, de 779 pages, sans compter la table. La première édition parut en 1630, et la deuxième en 1646.

Les merveilles de Garaison par Alabert, prêtre et chapelain de Garaison, 1 vol. in-18, 1694, n'est qu'un abrégé du livre précédent.

Le Lys du Val de Garaison, 1 vol. in-12, 1701, n'est encore que l'ouvrage de Molinier revu et abrégé par les chapelains de Garaison.

Histoire de la chapelle de Garaison par Suberville, curé doyen, et M. Ducheau de Mervaut.

Le Lys du Val de Garaison par E. Molinier, publié et continué par les missionnaires actuels de Notre-Dame de Garaison, in-18, d'environ 400 pages, y compris un recueil de prières et de cantiques à l'usage des missions dans le diocèse de Tarbes.

APPENDICE

On nous saura gré d'avoir ajouté à la fin de l'ouvrage quelques vers inspirés par nos sanctuaires renommés.

LA CAPÈRE DE BÉTHARAM (*)

Nousté Dame deü cap deü poun
Adyudat-mé à d'aquest'hore.

I

Quoan lou Gabe, en braman, dits adiü à las pennes,
Y s'abance à pinnets, à trubès boscs et prats,
Qué diséren qué craing dé rencountra cadénes
    Süs bords dé mille flous oundrats.

Aü bou temps deüs Gastous, ue béroye Capère
Counsacrade peü pople à la May d'cü boun Diü,
La qui touts ans dé loueing lous *Beürraimès* (1) appère,
    Qu'ère déyà ségude aü bord d'eü gran Arriü.

Mes n'ère pas labets coum adare noummade,
N'ère pas *Betharram* : qu'eb bouy dounc racounta,
Lous més amics, quin hou la Capère estréade
    Deü noum qui tien despuch-ença.

II

    Drin aü dessus de la Capère,
    Ue hilhotte deüs embirous
    Houléyabe, bibe et leüyère,
    Y qu'empléabe sa tistère
    Dé las mey fresques de las flous.

(*) Cette délicieuse légende a été composée par un des meilleurs poètes béarnais contemporains, M. Vincent de Bataille, lauréat de plusieurs académies.
(1) Nom que l'on donne à ceux qui vont en pèlerinage à Bétharam.

LA CHAPELLE DE BÉTHARAM

I

Quand le Gave quittant les rochers pour les plaines,
S'élance, en bondissant, dans les bois, dans les prés,
On dirait qu'il a peur de rencontrer des chaînes
    Dans les touffes de fleurs dont ses bords sont parés.

Au bon temps des Gaston, une chapelle sainte
Qu'à la Mère de Dieu bâtirent nos aïeux,
Ouvrait déjà, non loin du Gave, son enceinte
    Aux nombreux pèlerins accourus en ces lieux.

Il n'avait point alors ce modeste hermitage
Le nom de *Bétharam* inscrit sur son fronton.
Fils du Béarn, je vais dans votre vieux langage
    Vous conter d'où lui vient ce nom.

II

    Près du toit où la Vierge veille,
    Une fille des lieux voisins,
    Vive, leste comme une abeille,
    Allait, remplissant sa corbeille
    Des fleurs que moissonnaient ses mains.

Moun Diü la béroye flourette
Quis'mirailhe hens lou cristaü,
Hens lou cristaü d'aquère ayguette,
Y tà bribente, y tà clarette,
Qui ba bagna lous pès de Paü !

Per la coucilhe ère s'esdébure ;
Lou pè qué l'eslengue y qué cat....
Gouyats ! la terrible abenture !
Lou Gabe à l'arrouyousse allure
Qué la s'emboulégue aü capbat.

La praübotte eslhéba soun âme
A la qui sab noustes doulous :
Dé tire cadou bère arrame
D'aüprès deü loc oùn Nouste-Dame
Adyude lous sous serbidous.

Y, chens s'abusa, la maynade
Séseich, en l'entreignen pla hort,
La branque peü Ceü embiade.
Per aquet moyen ey saubade
Y douçamen miade aü bord.

Taüs las nôres du patriarche
Bes'crédèn pergudes, pari,
Quoan, pourtan l'arramette à l'arche,
La Couloume per sa désmarche
Deü délutyé announça la fi.

Oh ciel ! quelle fleur séduisante
Là, se mire au cristal de l'eau,
De cette eau pure et transparente
Qui, suivant sa rapide pente,
Baigne en passant les pieds de Pau !

Pour la cueillir, elle se presse...
Son pied glisse... Jeunes garçons,
Ombragez vos fronts de tristesse !...
Le Gave qui bondit sans cesse
L'emporte dans ses tourbillons...

La pauvrette élève son âme
Vers celle qu'émeut le malheur...
D'auprès des murs où Notre-Dame
Vient en aide à qui la réclame,
Soudain tombe un rameau sauveur.

La jeune fille qui se noie,
Saisit, en l'étreignant bien fort,
Ce rameau que le ciel envoie,
Qui sous son étreinte se ploie,
Et la soutient jusques au bord.

Tel dans l'arche que l'eau balance
Noé croit son trépas certain,
Quand le rameau de l'espérance
Au bec de l'oiseau qui s'avance
Du déluge annonce la fin.

D'ue fayçou tà merbeilhouse
Puch qu'es arringade aü trépas,
Migue, hens la capère oumbrouse
Dé ta patroune bienhurouse
Bet'remetté dé toun esglas.

Diü de you! quin es marfandide!
Quin trembles dé reth y dé poü!
Dé ta raübe blangue gouhide,
Y dé tous peüs, l'ounde limpide,
En goutéyan, muilhe lou soü.

« Chens boste ayde, qu'èri pergude, —
« Ça dits-ère, — Reyne deü Ceü!
« Arrés n'a bist quoan soy cadude;
« Més bous qui m'abet entenude,
« M'abet adjudade aütà-leü.

« Boune May, pertout quens'démoure
« La tendresse de boste amou.
« Quoan roullabi capbat l'escourre,
« Qu'abet dat ourdi à la cassourre
« Qu'embièsse ue arrame entà you.

« Youb'offri dounc ma bère arrame;
« Qué lab'dépaüsi sùs l'aüta;
« Y-mey qué hey bot en moun âme
« Qu'aci daban bous, Nouste-Dame,
« Gnaüt *beth arram* qué lusira.

Puisqu'une aide surnaturelle
Te sauve du flot courroucé,
Petite amie, à la chapelle
De la Vierge à ta voix fidèle
Va réchauffer ton cœur glacé.

Oh ciel ! que te voilà tremblante !
Tes dents claquent sous le frisson !
De ta robe blanche collante
L'eau goutte à goutte ruisselante
A tes pieds mouille le gazon.

« Sans votre aide j'étais perdue,
« Dit-elle alors, Reine du ciel ;
« Ma chute, nul ne l'avait vue ;
« Mais vous qui m'avez entendue
« Etes venue à mon appel.

« Votre amour, ô douce patronne,
« Pour nous toujours veille d'en haut :
« Quand l'eau m'entraîne et m'environne,
« Au chêne votre voix ordonne
« De m'envoyer vite un rameau.

« O Vierge ! je vous fais hommage
« De ce rameau qui séchera ;
« Mais, sur mon âme, je m'engage
« A mettre au pied de votre image
« Un *rameau* qui toujours luira.

« Sente-Bierye, n'oub-caü pas cragne
« Qué m'en desdigue lou mé pay :
« Souns moutous pèchen la mountagne ;
« Souns blads croubèchen la campagne ;
« Qu'eü héra counsenti ma may.

« Y you dab ue ardou nabère,
« En mémori de tout aço,
« Tout més, en aqueste capère
« Oùn boste sente amou m'appère,
« Bierye, queb'oubrirey moun cô ! »

III

La Capère despuch estou fort renoumade.
Aü miey deüs *ex-voto* dé soun riche trésor,
Qué byn enter las mas d'ue imatye sacrade
L'ouffrande d'*ù beth arram d'or.*

D'aquiü, lou noum deü loc. Souben, loueing deü hour-
Oun qué s'y ba goari dé toute passiou,   [bari.]
En retrempan soun ame aü pensa salutari
Deüs tourments qui per nous pati lou Saübadou.

Courret tà Bétharram, hillots de la Nabarre,
Poplés dé la Gascougne y deüs bords de l'Adou :
La Bierye à Bétharram nou hou yamey abare
Deüs trésors de dibinü amou.

V. BATAILLE.

« Trouverai-je, ô Vierge divine,
« Mon père contraire à mon vœu !
« Ses agneaux paissent la colline,
« Dans les champs sa moisson s'incline,
« Ma mère obtiendra son aveu.

« Et moi, dans une ardeur nouvelle,
« En souvenir de ce bonheur,
« Tous les mois, à cette chapelle
« Où votre saint amour m'appelle,
« Je vous ferai don de mon cœur. »

III

La Chapelle depuis fut de tous vénérée.
Parmi les *ex-voto* de son riche trésor,
On voit briller aux mains de l'image sacrée
    L'offrande du *beau rameau* d'or.

De là le nom du lieu... Loin du bruit de la ville,
Là de ses passions se guérit plus d'un cœur ;
Et l'âme s'y retrempe à la pensée utile
    Des tourments que pour nous endura le Sauveur.

Courez à Bétharam, enfants de la Navarre,
Peuples de la Gascogne et des bords de l'Adour ;
A Bétharam jamais la Vierge n'est avare
    Des trésors du divin amour.

G. Azaïs.

CANTIQUES

QUI DEBEN CANTA LOUS QUI BAN EN DÉBOUTIOU
EN TA BÉTHARAM.

Penden lou biatgé.

Béy aniram, béy aniram,
Déboutamen t'a Bétharam ;
U Co doulen qu'ey pourtaram :
A Diü lou Pay que l'ouffriram.

Hurous si poudem mérita
La graci de plàa médita
La tristé mourt y la passiou,
Qu'a souffrit nousté Saübadou !

Aü Calbère de Bétharam,
Aquiü nous-aüts qu'ad bédéram ;
D'ad bédé nou's caü countenta,
Més tousts qu'en débém proufieïta.

A la Chapèle u cop entrats
Counfesséram noustés pécats,
Dab gran régrèt et gran'doulou
Coum sus la Crouts lou bou laïrou.

La coummuniou nous qu'ey haram ;
A Nousté Dame l'ouffriram,
T'a quen's prengue en sa proutectiou
Et quen's accordé sa fabou.

Lou sermou nous escoutéram,
Et nousté proufieit qu'en haram,
T'a nousté bite plàa passa,
Chens yaméi plus Diü aüfença.

Lous Sents tabé qué prégaram
Y lur secours implouréram,
En–t'a qu'intercèdén per nous
Qué siam aü reng d'oüs bienhurous.

En puyan cad'sus d'eü Calbêré.

1

Jésus qu'és bét tout prousternat,
Tristé, mourén, casi-acabat ;
Sen Jean, Sen Jacques adroumits ;
Pierre tabé, nad mout nou dits.

Jésus, bous qu'et en ourèsou,
Per you qui souy grand pécadou ;
Dé bosté sang qu'èt tout tintat,
Per laba moun iniquitat.

II

Tout près d'aquiü, à quaüqués pas,
Oun qu'oü bét trahit per Judas ;
Aquét homi desbenturat
Qu'oü ba lioüra per u baïzat.

Lous souldats qui l'abèn séguit,
Qu'oü liguen coum si-ère u bandit.
Sen Pierre indignat nou'n pot plus,
Qu'é coupe l'aüreilhe à Malcus.

Per you, Jésus, bous qu'èt ligat
Désliga-t-mé d'oü mé pécat ;
Inspirad-m'én aütan d'hoürrou
Qu'in caü t'an abé lou perdou.

III

Aci Jésus, dab gran'doulou.
Qué souffreix la flagellaciou ;
D'oüs cops qui-oü dan tout retenteix ;
Qu'éy casi mourt, tan ét souffreix.

Lou soulé qu'ey tout arrouzat
D'oü précious sang qui-èt a bersat ;
Touts lous Anjous qu'én an hoürrou
Y qué plouren dab gran'doulou.

Plourat mous oueilhs, améramens,
Plourat de Jésus lous tourméns,
Coüsats per ma sensualitat,
Qui tout soun corps a desquissat.

IV

Dé brocs aci l'an courounat
Y per mespréz Rey saludat ;
D'u mantou rouy l'an rébestit,
Y dé crachats qué l'an croubit.

Coum bous èt lou Rey de doulous,
Renégat sus mas affectious,
You'b daü mon cô y moun esprit
Jésus, lou mé réy bénédit.

V

Dé pourpre qu'abèn habilhat
Lou sou corps tout ensanglantat,
Pilate qui-oü boulé saüba.
Ataü aüs Juifs qu'oü présenta.

Lou publé, tout enfélounat,
Cride labéts : « sie crucifiat !
« Qué soun sang sie barreyat,
« Sus la nousté poustéritat !

« Si bous desliürat Jésus-Chrit
« De César qué n'êt pas l'amic. »
Labéts, lou lâché nous craing pas,
Qué prén aïgue y labe sas mas.

Et qué coundane l'innoucén,
Y Barrabas ! libre qu'oü rén...
Aci lou co, à you, s'en hén
Dé bédé Jésus tan soufren.

VI

Lou corps de cordes garrouttat,
Dû grane croutz qué l'an cargat;
Féble, acablat d'aquét gran pés
Per terre cad, y nou'n pot més.

VII

Aü calbère enfin arribat
A la Croutz qué l'an clabérat,
Y dens sa sét l'an abeïrat
Dé héü dab binagré trempat.

VIII

L'an cargat de mille doulous,
Y plaçat enter dus laïrous;
Et qu'éy en tout défigurat,
Y coum u boulur réputat.

IX

D'aquére croutz l'an descendut,
Y dehens lou toumbéü mettut.
Sa praübé may, lou co clabat,
Loungtemps l'a tiengut embrassat.

Las bierges qui l'aben séguit
D'oü bédé qu'an lou co hérit.
Plus d'u roc y-abou de hénut,
Y lou soureil s'ère escounut.

Hère de mourts ressuscitan,
La terre gémi en tremblan.
Lous pécadous qués coumbertin
Quan touts aquets miraclés bin.

Ataü héram à Bétharam
Si plàa déboutamén èy bam.
Préguém, touts acquet Diü d'amou
Qu'en's hassi part à sa passiou.

———

En s'én tournan de Bétharram.

—

Béy èm anats t'à Bétharam,
Y plàa countrits qué s'én tournam.
Tout ço qui y'éy réprésentat
Nou pot està plàa racountat.

Lou pécadou méy endurcit
Bé plouréré, si-ad abé bist.
A la gléyse, lou co'smabut,
Aü Calbère, qu'éy tout pergut.

———

LES RUINES DE MÉDOUS *

Je me rappelle que mon père,
M'a raconté plus d'une fois,
Qu'ici, l'on voyait autrefois
Des humbles fils de St-François
Une demeure solitaire :
Là, s'élevait près du coteau,
Non loin du limpide ruisseau,
Une chapelle hospitalière
Toujours ouverte au pèlerin.
Jamais il n'y frappait en vain;
Et le malheur et la misère,
La pauvre veuve et l'orphelin,
Y trouvaient toujours la prière
Et l'aumône du capucin.
Aussi de toute la vallée
Vers la chapelle on se pressait,
On y venait, on y priait,

(*) Ces vers charmants sont de M. le vicomte de Castelbajac,
ancien pair de France sous la Restauration, si connu comme
homme d'Etat et comme homme d'esprit.

Et l'âme bientôt consolée
A l'espérance renaissait.
Souvent une pieuse offrande
Près de l'autel se déposait,
Plus d'une modeste guirlande,
Au mur sacré se suspendait.
Le vieux berger dans un saint zèle,
Des brebis qu'il faisait bénir,
Parfois à Dieu venait offrir
Et la plus blanche et la plus belle.
Là, plus d'un pauvre voyageur
Vint s'abriter contre l'orage,
Et chercher le toit protecteur
Du saint prêtre de l'hermitage.
Plus d'une fille du hameau
Y porta son vœu de sagesse
Plus d'une mère le berceau
Unique objet de sa tendresse.
A cet autel jamais, dit-on,
Un oubli ne fut sans clémence,
Un repentir sans espérance,
Une espérance sans pardon.
Là, nulle douleur sans prière,
Nulle prière sans douceur,
Enfant, vieillard, joie ou malheur,
Tout bénissait le sanctuaire.
Mais aujourd'hui du vieux clocher,
Du manoir et de la chapelle
Hélas ! ne venez rien chercher ;
Le temps a d'une main cruelle,

Partout ici, porté sa faulx.
Il s'est ému dans sa colère
Et, renversant le monastère,
Brisant l'autel, le sanctuaire,
Il a détruit jusqu'aux ormeaux
Qui, de leur ombre séculaire,
Couvrait la place des tombeaux.

NOTRE-DAME DE GARAISON.

Dites, dites une oraison
A la Vierge de Garaison.

Vous qu'en ces lieux amène la souffrance,
Bons pèlerins,
Accablés de chagrins,
Pour que vos cœurs s'ouvrent à l'espérance,
Dans ce séjour
Dites avec amour,
Dites, dites une oraison
A la Vierge de Garaison.

De l'homme juste et de l'homme coupable,
Du haut des cieux,
Elle exhauce les vœux.
Il lui suffit que l'on soit misérable
Pour accueillir
Ceux qu'elle entend gémir.
Dites, dites une oraison
A la Vierge de Garaison.

Vous que chérit sa tendre bienveillance,
Petits enfants,
Offrez-lui votre encens.
En vous voyant elle sourit d'avance.
Que votre cœur
La prie avec ferveur.
Dites, dites une oraison
A la Vierge de Garaison.

Quand les transports et la fougue de l'âge
Contre vos sens
Vous rendront impuissants,
Si vous craignez un funeste naufrage,
Dans le danger,
Sans vous décourager,
Dites, dites une oraison
A la Vierge de Garaison.

En vain sur vous se déchaîne l'orage,
En vain les airs
Sont sillonnés d'éclairs;
Des aquilons elle apaise la rage,
Et sur les flots
Soutient les matelots.
Dites, dites une oraison
A la Vierge de Garaison.

Elle est pour nous cette brillante étoile,
Qui, dans la nuit,
Vers le port nous conduit.
De vents heureux elle enfle notre voile,

Et son secours
Assure tous nos jours.
Dites, dites une oraison
A la Vierge de Garaison.

Elle est encor la meilleure des mères,
Et, dans ce lieu,
Elle obtient tout de Dieu.
Pour qu'elle soit sensible à nos misères,
Qu'ici nos voix
L'implorent à la fois.
Dites, dites une oraison
A la Vierge de Garaison.

Prosternons-nous devant ses tabernacles.
Et ses faveurs
Pénètreront nos cœurs.
Le pèlerin, sauvé par ses miracles,
A Garaison
Devra sa guérison.
Dites, dites une oraison
A la Vierge de Garaison.

Ce cantique est de M. Dupaty, ancien professeur distingué d'un collége de Paris ; il se chantait sur l'air de la *Berceuse*.

FIN

Tarbes. — Imp. de Th. Telmon, place du Maubourguet.

TABLE DES MATIÈRES

LES PÈLERINAGES DES PYRÉNÉES

FIN.